ANDRÉ SCHUMACHER

Eine Familie,
zwei Räder
und das Abenteuer
unseres Lebens

Prolog

Ich weiß, dass sich unser Sohn an diese Reise nicht erinnern wird, nicht an ein einziges Land, nicht einmal an einen Augenblick. Doch ich bin davon überzeugt, dass Unai irgendwann einmal in Tschechien stehen und »Ahoj« zu jemandem sagen wird, ohne zu wissen warum. In Südtirol wird ihm der Geschmack von Speck vertraut vorkommen, in Frankreich vielleicht der Geruch von Zedernholz, und in Italien wird er seine Leidenschaft für *il calcetto* entdecken.

Ich bin mir sicher, dass diese Reise irgendwo in seinem Unterbewusstsein Spuren hinterlassen hat. Spuren von all den Menschen, die unseren Weg gekreuzt und die alle ein gutes Herz haben. Nicht, weil wir ihm das sagen, sondern weil er es erlebt hat. Und das ist unser Geschenk an ihn – und an uns selbst.

Die Sterne der Nacht,
die Blumen des Tages und
die Augen der Kinder
sind uns aus dem Paradies
geblieben. Dante Alighieri

Wehen

»Denk immer daran«, hatte mir die Hebamme gesagt, »solange deine Freundin sprechen kann, ist es nicht ernst!«

Ende Oktober fing Jenni an zu schreien: »Es geht los! Es kommt!« Ihre Aussprache war klar, die Satzstellung makellos, keinerlei Anzeichen phonetischer Schwäche – was war ich der Hebamme dankbar! Ab Mitternacht wurde Jenni lauter. Sie bildete zwar immer noch Wortgruppen, ihr Inhalt aber blieb im Dunkeln. Um zwei keuchte sie nur noch, stöhnte, kreischte … Und dann veränderte sich alles: Das Leben, wie ich es kannte – heimatlos, rauschhaft, permanent auf Achse –, war vorüber. Nach 20 Jahren Achterbahnfahrt zwischen Anden und Himalaya lag vor mir eine Erfahrung, auf die mich nichts und niemand vorbereitet hatte.

Als die Mauer '89 fiel, ging es los: Mit einem Schulfreund radelte ich vom Rostocker Elternhaus zum Nordkap, im Gepäck nicht mehr als einen Regenponcho und stapelweise Hermann Hesse. Für zwei Burschen, die bis dahin nur die Dünen der Ostsee gesehen hatten, waren die Weiten des Nordens wie ein Versprechen: von Abenteuer, von Freiheit und davon, dass die Träume nie ausgehen.

In Potsdam studierte ich Architektur, am College of Art in Edinburgh Bildende Kunst, Design und Philosophie.

Als Architekt ging ich nach Spanien und denke manchmal daran wie an einen sommerleichten Film: der Atlantik vor der Nase, ein 4000 Meter hoher Berg im Rücken, Meeresfrüchte, schwerer Wein … und unser Büro gewann einen Wettbewerb nach dem anderen. Die Zeit auf Teneriffa war die schönste meines Lebens, doch selbst das Paradies geht einem irgendwann auf den Keks.

Ich packte also meine Sachen und flog ans Ende der Welt. Diesmal nahmen wir uns mehr vor als Norwegen: Wir wollten auf dem Landweg von

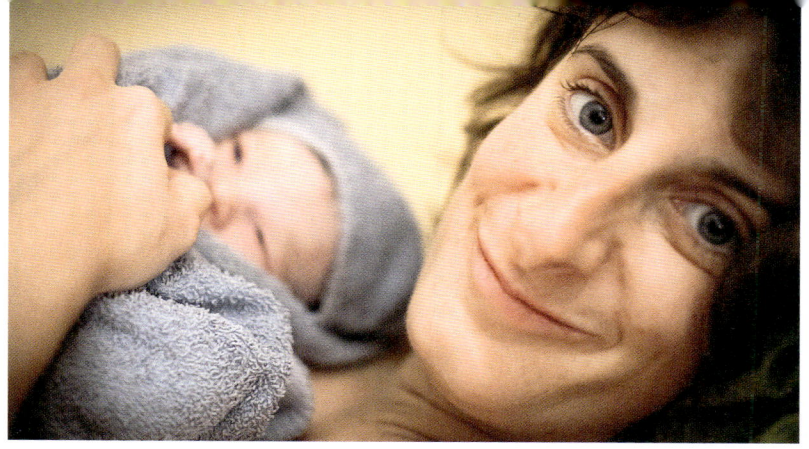
Wir hatten bereits am Montag mit Unai gerechnet und verbrachten zwölf Stunden
in einem Geburtshaus. Dort passierte aber nichts. Fuhren wieder heim ...

Patagonien nach Alaska, mit dem Fahrrad von Pol zu Pol. Vor uns lagen
20 000 Kilometer Schotterpiste, der bolivianische Bürgerkrieg und die
schönsten Frauen, die ich bis dahin gesehen hatte.

   Es musste so kommen: Nach mehr als zwei Jahren hatten wir gerade einmal die Karibik erreicht. Die Hälfte! Mein Schulfreund flog zurück in die
Heimat. Ich aber fuhr weiter, immer weiter.

Die Reise hinterließ ihre Spuren: Ich träumte fortan von einem einfachen
Leben, von mehr Zeit und Lebensfreude statt immer mehr Geld und Konsum, von Radeln statt Autofahren, von Freiheit statt Eigenheim. Und ich
wurde süchtig nach der Ferne – nach Menschen, nach Geschichten und
nach einem guten Gedanken, der bleibt. Bereits im Flieger zurück in das
graue Deutschland plante ich die nächsten Touren: nach Nepal, dem Land
der Götter, in die Megacitys von Indien und den Nebelwald Ugandas, in die
Antarktis – und in 80 Tagen einmal um die Welt. Ich habe es Reisejourna-
lismus genannt, produzierte Diashows, tingelte damit durch die Heimat
und berichtete zwischen Ostsee und Allgäu von meinen Abenteuern.

2013 durchquerte ich die Kanarischen Inseln: sechs Monate Fußmarsch
von Lanzarote bis nach El Hierro, dem einstigen Ende der westlichen Welt.
Auf der dritten Insel traf ich Jenni, und auf der siebten war sie schwanger,
und damit war mein Leben vorbei. Oder doch nicht?

In meiner Brust schlagen zwei Herzen. Das eine hat Fernweh, das andere Heimweh. Nach 14 rastlosen Jahren begab ich mich zusammen mit Jenni auf die Suche nach einer Heimat.

Auf der Suche nach einer Heimat

Als Jenni schwanger wurde, brauchten wir dringend ein Dach über dem Kopf. Gran Canaria war keine Option. Die Finanzkrise hatte Spanien arg getroffen, die Kanarischen Inseln lagen am Boden. Ich wiederum hatte mein letztes Mietverhältnis vor 14 Jahren. Mein Hausrat passte in eine Reisetasche und mein Schlafsack auf jedes Sofa.

Um die Suche zu erleichtern, beschränkten wir sie auf drei Kontinente: Asien, Europa, Südamerika. Auf jedem von ihnen hatte ich gelebt, jeden lange durchreist, und an jedem hing mein Herz. In Norwegen kam ich auf den Geschmack der weiten Welt, in Schottland wurde ich zum Bergsteiger. In den Anden führte ich einst eine Herberge und in Pokhara um ein Haar ein Café. Es lag so abgeschieden, dass man ein Boot brauchte und 15 Minuten hätte rudern müssen, wollte man dort eine Tasse Darjeeling trinken. Doch die Mühe war es wert, denn rund ums Haus wucherten Bougainvillea und haushohe Weihnachtssterne, und stand man frühmorgens am Ufer des Phewa-Sees, sah man über dessen bleierner, nebelverhangener Haut den heiligen Berg Machapuchare 6993 Meter in den kobaltblauen Himmel ragen. Wir überlegten.

Der schönste Platz auf der Welt? Patagonien, ganz klar. Doch Argentinien ist korrupt und instabil. Landreformen und Schuldenschnitte gehören zum Alltag der Gauchos wie Matetee und Grillfleisch.

Und Nepal? Nepal ist Chaos. Du gehst darin unter – oder du schaffst es hindurch. Wenn du verdaut hast, dass nichts von dem, was du mal geplant hast, zu irgendetwas führt; wenn du deutsche Tugenden wie Disziplin, Pragmatismus und Effizienz über Bord geworfen hast; wenn du nichts mehr vom Morgen erwartest – dann hast du es geschafft. Dann kommst du an im Hier und Jetzt, in einem nie endenden Strudel aus Sprachen und Festen und Göttern. Und doch wirst du nie begreifen, was sich vor deinen Augen abspielt. Du bleibst Zuschauer, geduldeter Gast. Ein Bleichgesicht.

So beginnt ein guter Morgen: Kaffeeduft, blauer Himmel, saftiges Grün – und in der Luft das Gebimmel Grauwolliger Pommernschafe.

Uns blieb nur eins: Europa. Erneut wogen wir ab. Skandinavien? Zu teuer. Spanien? Bankrott. Die Schweiz unbezahlbar. Österreich auf dem Weg zum Nationalstaat. Also Deutschland. Während wir das Netz durchkämmten, entwarf mein Vater Karten. Die Lage aller deutschen Kernkraftwerke war darauf verzeichnet, Giftmülldeponien und atomare Endlager. Die Überschwemmungsgebiete großer Flüsse. Die Befallsgebiete des Eichenprozessionsspinners. Baulandpreise. Pegida.

Es blieb nicht viel übrig: Wir landeten an der Ostsee – eine halbe Stunde entfernt vom Haus meiner Eltern.

Der Hof lag in einem winzigen Dorf namens Bäbelin, unweit von Wismar, etwa auf halbem Wege zwischen Ostseeküste und Mecklenburger Seenplatte. Er war riesig und bot mit seinen Scheunen und Streuobstwiesen, mit seinen vielen Nischen, Werkstätten und Fundstücken Raum zum Werken und Wirken. Natürlich konnten wir ihn nicht bezahlen. Doch auf dem Grundstück lagen jede Menge Ziegelsteine herum. Das Stück verkauften wir symbolisch für 200 Euro. Im Tausch gab es ein Urlaubswochenende für die ganze Familie auf unserer zukünftigen Farm, samt frischen Hühnereiern und Grillfest unter den Sternen.

Die Idee ging auf, die Förderer standen bald Schlange, und im Spätsommer 2014 bezogen wir den Kunterbunthof – ein Ort, so erträumten wir ihn, für liebe Menschen aus aller Welt. Und die brauchten wir auch, denn wir wussten gar nicht, wo wir anfangen sollten!

Von einem Tag auf den anderen hatten wir ein gigantisches Stück Land mit Wald und Wiesen und einem halben Dutzend Häusern und Schuppen drauf, und alles gedieh und zerfiel vor unseren Augen.

Die Werft hatte uns einen Bogen aus Stahl gefertigt. Versuchen, ihn mit einem Flaschenzug zu bewegen.

Mein Vater spricht in solchen Momenten in physikalischen Gleichnissen: »Betrachtet man den Hof als ein abgeschlossenes System, so kann die Entropie niemals kleiner werden. Zweiter Hauptsatz der Thermodynamik.«

Ich: »Aha.«

Er: »Es wird hier niemals von alleine ordentlicher.« Und nach einer Weile: »Die Physik rät in einem solchen Fall an, dem System von außen Energie zuzuführen.«

Stille.

Die Arbeit am eigenen Haus macht erwartungsgemäß einen Heidenspaß: Unai auf der Suche nach Löchern, die Mama dann verspachtelt.

Das Problem lag auf der Hand: Wir hatten eine Vision, doch uns fehlten die Mittel, sie umzusetzen. Es fehlten Hände, es fehlte Zeit, und auf dem Konto war schon wieder Ebbe. Wir wussten uns keinen besseren Rat, als im Internet von unserem Projekt zu erzählen – und schon bald wurden wir fündig.

Im Schatten unkontrollierten wirtschaftlichen Wachstums und grenzenloser globaler Gier wächst im Cyberspace eine weltumspannende Community heran, der es um Eigenverantwortung und den Austausch auf Augenhöhe geht. Menschen mit viel Fernweh und wenig Geld treffen in Portalen wie *Workaway* und *Wwoofing* auf Menschen, die Hilfe im Haus und Garten brauchen. Das Ergebnis heißt »Urlaub gegen Hand«, Ferien nicht im Strandkorb, sondern mitten im Leben. Man könnte sagen: ein kostenloser Aktivurlaub für all jene, die fremde Kulturen, andere Lebensweisen und alternative Lebensentwürfe nicht nur durch die Kamera beobachten, sondern hautnah miterleben wollen – dreckige Hände, Landluft und Essen in gemütlicher Runde inklusive. Wir schilderten also den Arbeitswilligen unser Dilemma und warteten.

Spielzeug war gestern! Unai liebt echte Maschinen: Akkuschrauber, Flex, Kettensäge – je gefährlicher, desto besser.

Antoine war der Erste. Er schrieb auf Französisch: Seine Universität verlange ein dreimonatiges Praktikum auf einer Baustelle. Es folgte Susanne: Sie war mit ihrem Sohn auf der Flucht vor den Zwängen des deutschen Bildungssystems und suchte eine Bleibe. Dann kam Rafa: geradewegs vom Camino de Santiago. Er könne jetzt unmöglich zurück in die Großstadt – und blieb den ganzen Sommer bei uns.

Andere machten einen Wochenendausflug mit ihren Kindern und wieder andere für ein paar Tage Halt auf ihrem Trip um die Welt. Der Deal war immer der gleiche: Wir stellten Kost und Logis, die Besucher packten ein paar Stunden pro Tag mit an. Holz hacken, Rasen mähen, malern, mauern, gärtnern, Dächer decken – alles war möglich.

Der erste Monat lief gut, doch dann kamen immer mehr. Sie verschoben die Abreise, blieben hängen, brachten ihre Freunde mit. Und bald stellten wir zwei Leute ab, die von früh bis spät nichts anderes taten als Kochen. Und noch mal zwei zum Einkaufen. Und schließlich führte kein Weg daran vorbei: Wir eröffneten unseren eigenen Zeltplatz!

Von überall her kamen Leute, um uns bei der Sanierung des Hofes zu helfen –
aus England, Spanien, Argentinien, der Schweiz und der Bretagne. Manche absolvierten
ein Praktikum, andere nahmen eine Auszeit vom Leben in der Großstadt.

Unglaublich, doch nun empirisch belegt:
Mecklenburg ist der einzige bewohnbare Fleck auf dem Planeten – und zufällig
nur eine halbe Stunde vom Haus meiner Eltern entfernt.

Die Entscheidung

Als Unai 18 Monate alt war, brach sie wieder durch: die alte Lust am Reisen. Ich kam mir vor wie ein trockener Alkoholiker, der versehentlich in eine Weinbrandbohne gebissen hatte. Tatsächlich nippten wir an einem argentinischen Malbec, und mit den Aromen kamen die Erinnerungen: an die Anden, die Salzseen, das süße Leben und die spanische Sprache, und damit hatte sich die Sesshaftigkeit erledigt.

Ob ihr das mit den Aromen ähnlich gegangen sei, fragte ich Jenni?

»Eher weniger. Aber wie wäre es mit einem Besuch in Spanien? Zeigen wir doch Unai seine Wurzeln!«

Ich hielt das für eine schöne Idee und spürte gleich, dass sie ein Grundproblem meiner Arbeit als weltreisender Fotograf berührte: Ständig unterwegs, ein Land exotischer als das andere, doch vor der eigenen Haustür kenne ich mich nicht aus. Ändern wir das doch! Und fahren wir von der Ostsee bis ins Baskenland!

Unai trägt die Ankündigung unserer Reisepläne mit Fassung. Wir glauben, sogar Vorfreude zu sehen.

Nur, wie reist man mit einem Baby? Zu Fuß? Per Caravan? In einer Sportkarre? Und wenn ja: Maserati oder Maxi-Cosi? Reist man überhaupt?

Eines stand fest: Wir brauchten ein geeignetes Transportmittel! Beweglich, robust, unabhängig von Sprit und Strom. Eines, das es uns erlaubt, mit den Landschaften, durch die wir reisen, in Kontakt zu kommen. Und eines, das kinderfreundlich ist, das Platz hat für Bücher, Bälle und Teddybären. Wir fanden es in einem kleinen Laden namens Vélo 54 in Hamburg: ein Lastenfahrrad des jungen französischen Herstellers Douze.

Was für ein Gefährt! Es ist fast drei Meter lang, 25 Kilogramm schwer, sieht dabei äußerst sportlich aus, hat eine Getriebenabe, hydraulische Scheibenbremsen, und wenn wir wirklich wollten, könnten wir den halben

Hausrat damit transportieren; der Koloss verträgt eine Zuladung von 180 Kilo! 80 davon gehen auf mich und 12 auf Unai, für den es im vorderen Teil des Rades eine gepolsterte Sitzbank mit Lehne gibt. Mit hinein in diesen Transportkasten kommen auch die Trinkflaschen, das Werkzeug und Ersatzteile, Dinosaurier, Malkreiden, ein paar Bausteine und Jonglierbälle. Links und rechts an den Außenseiten will ich das Stativ und das Zeltgestänge verzurren. Auf dem Gepäckträger eine gigantische wasserdichte Reisetasche, die man auch als Rucksack verwenden kann, und am Lenker, immer zur Hand und stoßsicher aufgehängt, ein gepolsterter Koffer für die Fotoausrüstung, Karten und sonstigen Kleinkram.

In der Hamburger Fahrradmanufaktur Vélo 54 erhält unser Douze den letzten Schliff. Es ist ein echter Hingucker: Sportrad und Kinderwagen in einem – und unser Zuhause für die kommenden vier Monate!

Mit Burkhard in Südamerika: Bei 20 Grad minus über 5000 Meter hohe Pässe.

Natürlich kommen auch die alten Satteltaschen mit. Sie sind schon arg zerschunden, doch sie stecken voller Abenteuer und Geschichten. Als ich nach ihnen griff, war das wie eine Zeitreise: Ich sah mich vor 14 Jahren. Weniger Bart, mehr Haar. Ich ging durch Hamburg, und es regnete, was ich passend fand, denn in anderen Wetterlagen hatte ich die Hansestadt noch nie gesehen. Ich hielt die Tristesse eine Weile aus, dann bekam ich Lust auf eine Reise und sonnige Gesichter.

Unter einer Weide mit ausladenden Ästen hatten sich grau gekleidete Menschen mit schwarzgrauen Regenschirmen versammelt, und ich stellte mich dazu, denn ich hatte keinen. Mein Blick wanderte durch die Pfützen,

Im Sommer 2005 erreichten wir Bolivien: Brennende Reifen blockierten die Straßen, in La Paz flog das Dynamit durch die Gassen.

zu den gepflegten Schuhen, dann hochwärts – und da stand Burkhard, mein Schulfreund, mit dem ich einst nach Norwegen aufgebrochen war.

Wir liefen durch den Regen zu ihm nach Hause. In seinem Wohnzimmer hingen zwei Plakate: ein großformatiger Frauenakt von Peter Lindbergh und eine Weltkarte. Wir starrten den ganzen Abend an die Wand, sprachen, obschon wir uns Jahre nicht gesehen hatten, wenig, und gegen Mitternacht geschah es: Die zwei Plakate verwandelten sich! Vor uns hingen nun zwei Lebensentwürfe – und die eine große Frage: Was wollen wir wirklich? Das Gewisse oder das Ungewisse? Ein Leben im nieselgrauen Deutschland, einen gut bezahlten Job, Familie, Auto, großes Haus? Oder wollen wir noch einmal alles in Frage stellen und uns auf eine Reise begeben, von der wir weder wissen, wohin sie uns führen, noch wie lange sie dauern wird?

Wir leerten einen Minztee und entschieden uns für die Weltkarte.

Binnen weniger Wochen kündigten wir unsere Jobs, hängten den Alltag an den Nagel – und strampelten auf der Panamericana durch die Anden.

Die Satteltaschen von damals habe ich noch immer. In Bolivien hatten wir sie mit schwarzer Farbe beschmiert und uns selbst die Kleidung zerschlissen, um nicht allzu gelackt daherzukommen. Für lateinamerikanische Verhältnisse waren wir zwar immer noch reich, aber wir kamen damit heil durch den Bürgerkrieg. Wir fuhren an die brennenden Barrikaden, stellten uns zu den Cocabauern und skandierten mit Evo Morales gegen den westlichen Imperialismus.

Nun hielt ich die Taschen wieder in den Händen – 14 Jahre nach jener Weltkarte, 18 Monate nach der Geburt meines Sohnes.

Was brauchten wir noch? Sonnenhüte! Wanderstiefel. Landkarten können auch nicht schaden, Windeln, Hundefutter. Einen Almanach der guten Küche. Und damit konnte es losgehen.

Europa, wir kommen ... nicht

Als wolle er uns zu Ruhe und Gelassenheit mahnen, macht Unai heute, am 1. Juni 2016, am Tag aller Tage – an jenem Tag, an dem das größte Abenteuer seines bisherigen Lebens seinen Anfang nimmt –, das längste aller möglichen Nickerchen, die Mutter aller Siestas.

Seit drei Stunden stehen deshalb unzählige Menschen mit Fahrrädern, Rollern und Mopeds in unserem Garten und warten. Sogar ein Quad ist dabei. Bäbelin, das sei erwähnt, hat 34 Einwohner, und die Hälfte von ihnen – man stelle sich das in Berlin vor – hat sich hier eingefunden, um uns hupend und winkend die Dorfstraße hinunter auf die L10 zu geleiten. Jenni bringt Nüsse, der Kuchen ist längst alle. Die Ersten erneuern den

Druck auf ihren Reifen. Wir wechseln zu Wein. Eigentlich ganz witzig: ein Abenteuer, das vor der Haustür beginnt – ökologisch, nachhaltig – und von dort auch nicht wegkommt.

Kommt es dann irgendwann aber doch, und wir erreichen am frühen Abend Neukloster, acht Kilometer von zu Hause entfernt. Wir zelten auf dem Kundenparkplatz des EDEKA, in dem wir sonst einkaufen. Wir, das sind Jenni, Unai, Beltza und ich.

1. Tag | Mecklenburg-Vorpommern: Wir verlassen den Kunterbunthof mit drei Stunden Verspätung in Richtung Spanien.

1. Nacht | Neukloster: Wir haben unterwegs Bälle verloren. Mussten zurück, um sie zu suchen. Schaffen es deshalb nur bis zu unserem Supermarkt. Immerhin: acht Kilometer.

2. Tag | Warnow: Sind heute noch keinem Menschen begegnet.
Mit 69 Einwohnern pro Quadratkilometer ist Mecklenburg das Bundesland
mit der geringsten Einwohnerdichte Deutschlands. Herrlich!

Jenni hat in ihrem Leben noch keine einzige große Radreise unternommen, Unai bisher nur den Garten unseres Hofes durchkrabbelt, Beltza ist eine Hündin, deren Rassenzugehörigkeit sich irgendwo zwischen Fraggle und Alpaka bewegt, und dieser Trupp möchte nun also ins Baskenland. Mit dem Fahrrad! Nicht auf direktem, sondern auf dem längstmöglichen Weg:

Durch sechs europäische Länder und über sieben ziemlich heftige Gebirge soll die Route führen; ein halbes Jahr haben wir dafür Zeit, dann kommt der Winter.

2. Tag | Sternberg: Unai
hat das Zeltgestänge in einem
Kornfeld hinterlegt.

Grober Kurs: den Elberadweg und die Moldau hinauf in den Böhmerwald, durch Salzkammergut, Hohe Tauern und das UNESCO-Weltnaturerbe der Dolomiten. Hier scharf nach Westen in Richtung Oberitalienische Seen, dann durch die Genussregionen Piemont und Provence, über die Cevennen und die Pyrenäen bis nach Pamplona, der früheren Hauptstadt des Königreichs Navarra und Jennis Heimat. Eine schicke Einstiegstour für eine junge Familie also, ohne Mühsal und Strapazen – wäre da nicht Beltza!

Sie kam auf den Kanaren in einem Bergdorf namens Soria zur Welt, hatte fünf Geschwister, und da es wenig Aussicht auf ein würdevolles Leben gab, schmiss man sie noch am selben Abend in den Stausee von Chira. Jenni sah aus der Ferne, was passierte. Ohne zu zögern rannte sie zum Ufer, sprang kopfüber ins Wasser und zog das japsende Hundebaby heraus. Sie nannte es Beltza, die Schwarze.

Als ich Jenni zum ersten Mal begegnete, war Beltza gerade vier. Sie hatte so puscheliges Haar, dass ihre Augen dahinter verschwanden und man Angst haben musste, sie würde gegen die nächste Laterne rennen, was sie auch tat. 2014 zogen wir nach Deutschland, und da sie die Heimat noch nie verlassen hatte, brauchte Beltza einige Tage, um sich an das allumfassende Gelb zu gewöhnen, das im Mai die Rapsfelder Mecklenburgs leuchten lässt. Auch Eis und Schnee hatte sie noch nie gesehen, und als der erste Winter kam, ging sie drei Tage nicht vor die Tür. Der Schnee blieb lie-

Herzig und knuffig, eigenwillig und verschroben:
Es ist unmöglich, mit Beltza zu reisen.

gen, und mit der Verzweiflung kam der Mut. Sie trat über die Schwelle, sprang zunächst zaghaft, bald wie ein angestochener Schneehase durch den Garten, verschwand schließlich vollends und kehrte erst spät in der Nacht wie eine vereiste Kegelrobbe zurück.

Wir lieben sie, und sie liebt das Leben. Die schlechte Nachricht: Es ist unmöglich, mit ihr zu reisen! Egal, in welchem Verkehrsmittel sie sitzt, ihr wird schlecht. Wir haben schon alles versucht, doch bisher ohne Erfolg.

Unsere ganze Hoffnung liegt nun auf dem Fahrrad: schön langsam, ohne scharfe Kurven. Viele Pausen, oft Wasser. Den Wind um die Nase, die Sonne im Nacken. Für alle Fälle haben wir ein Double dabei, extra angefertigt im Maßstab 1:5, und das muss ich erklären.

3. Tag | **Kladrum:** Zum Verwechseln ähnlich und doch stets gut drauf – Beltzas Double.

In Barcelona gibt es eine kleine Textilwerkstatt. Die Schneider haben sich auf das Nachbilden verstorbener Haustiere spezialisiert. Man muss ihnen lediglich ein paar Fotos schicken, Maße angeben – und die Nähmaschinen rattern. Hunde und Katzen sind Standard, Ziervögel kosten extra, Nager und Reptilien auf Anfrage. Bei Islandponys, Fleckvieh und noch größeren Kameraden ist die Angabe des Maßstabs zwingend.

Bekanntlich sieht man an der Umsetzung von Details, ob es jemandem gelungen ist, das Wesen einer Vorlage einzufangen, ob der Künstler also seine Arbeit liebt oder gar zum Perfektionismus tendiert. Man muss sagen: Beltza wurde gut getroffen! Ihr Körper wie ein schwarzes Wollknäuel, vereinzelte weiße Barthaare, und aus dem Maul hängt eine kleine rosafarbene Zunge. Leider ist inzwischen ein Auge abgefallen. Doch es ist ganz klar Beltza, und das ist unser Plan: Wir wollen ihr damit Mut machen!

»Schau her«, sagen wir zu Beltza, wenn es holprig wird, »die sieht genauso aus wie du und kotzt auch nicht.«

Ob wir damit bis nach Spanien kommen? Ganz ehrlich: Ich habe keine Ahnung.

Für Probefahrten war nie Zeit. Zu viel Arbeit gab es immer auf dem Hof: einstürzende Dachstühle, zugefrorene Heizungsrohre, und wie, um Himmels willen, pflegt man 30 000 Quadratmeter Wiese? Uns blieb nichts anderes übrig, als einfach loszufahren, und die Muskeln, so hofften wir, die würden sich schon irgendwann bilden.

Immerhin unternahmen wir eine Generalprobe, und zwar am 1. April. In einer Stunde wollten wir von Bäbelin über Wakendorf nach Teplitz, dann ein kurzes Stück auf der L10 und zurück zum Hof – alles in allem knapp fünf Kilometer. Beltza schaute ihrem Double in die Augen und hielt durch. Doch unser Kleiner schrie nach sieben Minuten.

Hatten wir uns zu viel vorgenommen? War unser Plan zu verwegen? Womöglich gar vermessen?

Am zweiten Tag unserer großen Reise können wir uns auf 19 Kilometer steigern, erfahren jedoch, was es heißt, mit einem Kleinkind zu reisen. Bei der Fahrt über Kopfsteinpflaster beispielsweise kann es sich auf die Lippen beißen und schier verbluten. Es kann eine Unachtsamkeit der Eltern dazu nutzen, um in einem der vielen Mecklenburger Maisfelder spurlos zu verschwinden. Und natürlich bekommt es in den unpassendsten Momenten – meist mitten auf dem Acker – Lust auf Muttermilch.

3. Nacht | Parchim: Wir zelten am Ufer des Wockersees. Die letzte Nacht in der Heimat, die Aufregung ist riesig: Morgen erreichen wir Brandenburg!

4. Tag | Brandenburg, Pirow: Heftiger Seitenwind. Jenni hat
Schwierigkeiten, das schwer bepackte Fahrrad in der Spur zu halten.
Muss sie mehrmals aus dem Feld ziehen.

4. Tag | Perleberg: Wir haben immer noch keine Menschen gesichtet, nur Mohnfelder links und rechts der Piste.

Das alles ist jedoch nichts im Vergleich zu unserem zweiten Kind, Beltza. Sie mag sich weder die Lederlaufschuhe anziehen, die wir extra beschafft hatten. Noch steigt sie in den Fahrradanhänger, den Jenni gerade für sie durch halb Mecklenburg zieht. Lieber läuft sie sich die Pfoten wund, wenn es sein muss, bis zur völligen Erschöpfung. Keine Einsicht, kein Fahrtwind. Aus nach zwei Tagen. Beltza ist am Boden zerstört. Wir sind es auch, Jenni weint. Endstation Perleberg.

Sie: »Es ist vorbei. Vorbei!«

Er: »Nein, ist es nicht.«

Sie: »Doch, gewiss.«

Er: »Dann war alles umsonst: die Vorbereitungen, die Ausrüstung, die Räder. Was sagen wir unseren Eltern, deren Sorgen und Ängste nun für die Katz gewesen sein sollen?«

Sie: »Und all den Roller- und Quadfahrern, die uns mit großem Brimborium zur L10 gebracht hatten?«

Er: »Wir können jetzt nicht aufhören!«

Sie: »Und die beiden Berliner, deren Hund gerade gestorben ist?«

Er: »Vielleicht können wir das Loch in ihrem Herzen mit einer kanarischen Promenadenmischung stopfen?«

Wir können. Sie kommen und nehmen Beltza auf, und gemeinsam verbringen sie einen erholsamen Sommer auf dem Sofa – ganz nach Beltzas Geschmack. Uns aber bleibt das Double, und nun geht es richtig los: Am dritten Tag schaffen wir 39 und am vierten 57 Kilometer. Wir queren sanfte Landschaften aus Grund- und Endmoränen, endlose Kiefernwälder, Felder und Wiesen, passieren unzählige Monumente der norddeutschen Backsteingotik, und hin und wieder zeigt sich einer der mehr als 2000 Seen der Mecklenburgischen Seenplatte.

5. Tag | Wittenberge: Bis 1990 »Stadt der Nähmaschinen«, heute »Stadt ohne Zukunft«.
Wir stehen im Sonnenuntergang auf dem Elbdeich. Links die Stepenitz, einer der saubersten Flüsse
Deutschlands, rechts die Elbe. Tolle Stimmung, aber mehr Mücken als Grashalme.

D

Am fünften Tag erreichen wir die ehemalige Nähmaschinenstadt Witten-
berge im Nordwesten Brandenburgs. Am Ufer der Elbe stehen im warmen
Licht der Abendsonne Handelskontore und gotische Kirchen. Auf dem
Wasser schaukeln Boote, und die Grashalme tanzen im Wind. Ein paar Fi-
scher hängen ihre Angeln in die träge Strömung des größten ostdeutschen
Flusses – und wir, wir sitzen mit zwei schwer bepackten Rädern und einem
Baby im Arm auf dem Elbdeich und winken den Schiffen.

Vielleicht liegt es am Zauber dieses Moments, vielleicht an unserem Anblick – doch plötzlich hält eines an. Kein Scherz: Wir bemerken eine Kursänderung, vernehmen das Horn. Eine halbe Stunde später hieven drei
Tschechen unsere Räder an Bord.

Elbkahn ahoi!

Unsere Kajüte ist nicht groß: ein Fenster, zwei Betten und dazwischen ein schmaler Gang, in der Summe vielleicht fünf Quadratmeter – aber wir haben unser eigenes Reich. Hier mitzufahren, das merken wir bald, ist ein Ding der Unmöglichkeit, zumal mit einem Baby. Warum es trotzdem geklappt hat? Wir wissen es nicht. Vielleicht, weil ich ein Sonntagskind bin, und so stehen wir nun an Bord eines 150 Meter langen Elbkahns und fahren nach Sachsen. Ganz langsam, beinahe im Schritttempo, denn die Elbe führt in langen Sommern nur wenig Wasser.

Der Erste, der uns gesehen hatte, war Ludêk: kahles Haupt, durchdringende Augen, 52 Jahre alt – der Kapitän des Schiffs. Ludêk lebt praktisch auf der Brücke, und in all den Tagen, die wir bei ihm saßen und gebannt seinen Handgriffen folgten, sahen wir ihn nichts anderes zu sich nehmen als Kiwijoghurt und Kaffee.

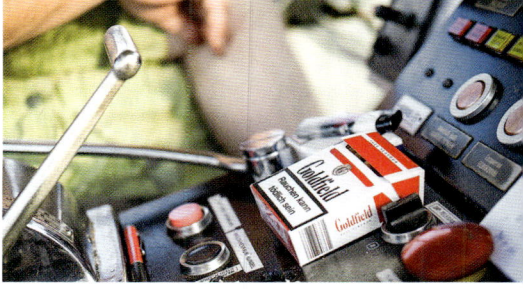

Koffein gegen die Gleichförmigkeit der Tage: »Wir sind ja hier nicht auf der Ardèche!« Joghurt, weil ihm sein Arzt nahegelegt hat, er möge doch auch Gesundes zu sich nehmen!

18 Stunden pro Tag, vom ersten Dämmerlicht bis zum letzten Sonnenstrahl, hält Ludêk zusammen mit Steuermann Thomas den Kurs. Der eine lenkt, der andere macht die Monotonie erträglich, die das Bordleben belastet, seit der Autopilot eingebaut wurde. Das Drehen von Zigaretten ist dabei eine der Kernkompetenzen des Beifahrers sowie das ununterbrochene Aufbrühen von Kaf-

6. Tag | Elbkahn: Sind gerne auf der Brücke, auch wenn wir nicht viel sehen. Zigarettenqualm hängt in der Luft wie Frühnebel über der Elbe.

fee. Erst nach Einbruch der Nacht drosseln sie die Maschine, suchen eine geschützte Stelle, vertäuen den Kahn – und dann kommen die Eierbecher. Proppenvoll mit Slivovitz. Und Jenni, die noch stillt, tut das einzig Richtige: Sie huldigt der Gastfreundschaft und leert ihr Gefäß.

Und so schippern wir, auf Slivovitz und böhmischem Bier, die Elbe stromaufwärts nach Riesa. Vier Tage über einen der 100 längsten Flüsse der Welt, umrahmt von den größten zusammenhängenden Auenwäldern Mitteleuropas. 1997 wurde diese Stromlandschaft aus Überschwemmungsflächen, Binnendünen und Altarmen von der UNESCO zum Biosphärenreservat erklärt – ein riesiges Schutzgebiet über fünf Bundesländer hinweg: von Schleswig-Holstein durch Niedersachsen, Mecklenburg und Brandenburg bis nach Sachsen-Anhalt. Und, was soll ich sagen: Das ist genau unsere Route!

Der Grundstein für den Schutz dieser Idylle wurde in den letzten Tagen der DDR gelegt. Wo einst Truppenübungsplätze, Grenzsicherungsräume und Staatsjagdgebiete den Zugang für alle versperrten, blieben große, weitestgehend naturbelassene Landschaften erhalten. Das Interesse an ihnen war enorm: Die Bundeswehr meinte, sie gebrauchen zu können, Industriemagnaten und Hotelspekulanten strebten nach der Privatisierung der Flächen. Doch in der turbulenten Wendezeit hatte eine kleine Gruppe ostdeutscher Umweltschützer einen kühlen Kopf bewahrt: Auf Drängen des stellvertretenden Umweltministers Michael Succow stellte die Regierung zwei Tage vor den ersten freien Wahlen am 18. März 1990 mit ihrer letzten Verfügung ausgediente Sperrgebiete vorläufig unter Naturschutz.

»Wir hatten ein kleines Zeitfenster in einem nicht gefestigten System«, erinnert sich Succow. »Das hat uns ungeheure Freiräume eröffnet. Aber es gab auch völlige Erschöpfung. Teilweise haben Mitarbeiter unter den Schreibtischen geschlafen. Ich wohnte im Gästehaus der Regierung, im Johanneshof, und schlich spätabends mit letzter Kraft in mein Bett. Am nächsten Morgen dann Pressekonferenzen, Demonstrationen, immer neue politische Ereignisse. Es war eine totale Überforderung, eigentlich die schwerste Phase meines Lebens.«

In den folgenden Monaten erarbeiteten Succow und seine Mitstreiter unter hohem Zeitdruck die notwendigen Verordnungen für die Naturschutzgebiete und stimmten sie mit den anderen Ministerien ab, und auf der letzten Ministerratssitzung der DDR am 12. September 1990 gelang es ihnen, das »Nationalparkprogramm der DDR als Baustein für ein europäisches Haus« in den Einigungsvertrag aufzunehmen. Mit dem Beschluss besiegelte die DDR-Regierung kurz vor ihrem Ende für 4,5 Prozent ihres Territoriums den Schutzstatus: Fünf Nationalparks, sechs Biosphärenreservate sowie drei Naturparks zwischen Ostsee und Thüringen – das war mehr Landfläche, als in den 100 Jahren zuvor in Deutschland gesichert wurde. Der damalige Bundesumweltminister Klaus Töpfer bezeichnete die Schutzgebiete als das »Tafelsilber der deutschen Einheit«. Michael Succow erhielt für sein Ringen 1997 den Alternativen Nobelpreis.

6. Tag | Brücke: Ludĕk erklärt die Instrumente. Wir werden in vier Tagen 350 Kilometer zurücklegen. Gut! Hatte schon befürchtet, wir stünden im Winter vor Prag.

Jeden Morgen, wenn Jenni und Unai noch schlafen, stehe ich mit Ludêk auf. Und dann lichten wir den Anker, lösen die Taue und im Becher einen Löffel Kaffee – und stechen in See. Danach trennen sich unsere Wege: Ludêk steigt die Treppe hinauf zur Brücke. Er wird einen Kiwijoghurt essen.

Ich gehe nach vorn an den Bug, wo von den Dieselmotoren nichts mehr zu hören ist, und denke an Beltza, die sich hier die Seele aus dem Leib gekotzt hätte. Die Sonne geht gerade über den Elbwiesen auf und wirft lange Schatten gegen die Deiche, auf denen grauwollige Pommernschafe grasen. Ein Storch gleitet lautlos an mir vorüber. Ich lasse die Beine über die Rehling baumeln und betrachte zwischen meinen Füßen hindurch, wie das Wasser unter dem Rumpf verschwindet. Neben mir sitzt Beltzas Double und blickt – vor lauter Schönheit ein bisschen außer Atem – geistesabwesend in die Ferne. Alles ist ruhig, alles ist sanft.

Wir können uns an Bord vollkommen frei bewegen. Hochinteressant! Hier unten im Maschinenraum hält Denêk die Dieselmotoren am Laufen.

Was schrieb die Mutter des amerikanischen Autors H. Jackson Brown jr. ihrem Sohn? »In zwanzig Jahren wirst du eher enttäuscht darüber sein, was du nicht getan hast, als darüber, was du getan hast. Also mach die Leinen los und segle hinaus aus dem sicheren Hafen. Erforsche, träume, entdecke.« Machen wir, versprochen!

Am Nachmittag tauchen die Plattenbauten von Riesa am Horizont auf. Wir bemerken eine leichte Kursänderung, vernehmen das Horn. Eine halbe Stunde später bringen drei Tschechen unsere Räder von Bord.

Wir raten auch zartbesaiteten Eltern zur Fahrt mit einem Elbkahn!
Sie ist nicht nur spektakulär, sondern auch furchterregend. Das Schiff bietet
für einen Einjährigen nicht weniger als 31 – ich habe nachgezählt –
Arten, Harakiri zu begehen. Danach kann einen nichts mehr erschüttern.

6. Tag | Die Elbe nahe Magdeburg: Wir fühlen uns wie auf einer Kreuzfahrt. Entschleunigung pur! Eine Kreuzfahrt allerdings, bei der man hinter die Kulissen schaut: abenteuerlich, authentisch, ohne Kleiderzwang und Animation.

6. Tag | Auenlandschaft bei Wittenberge: Überall Schafe!
Die Tiere halten den Rasen kurz und sorgen für eine feste Grasnarbe –
für die Pflege und Erhaltung der Deiche sind sie immens wichtig.

8. Tag | Sachsen: Wir werden das Reisen auf See vermissen – das sanfte Schaukeln des Elbkahns, das stille Vorübergleiten der Landschaft, die Weite des ostdeutschen Himmels. Und das tschechische Bier zum Frühstück.

12. Tag | Sächsische Schweiz, Bastei: Bin früh auf den Beinen. Sehe Monolithen,
die wie Finger in den Himmel ragen, Klippen, Kegel, Tafelberge – keine noch so bizarre
Form haben Wind und Regen, die in Jahrmillionen diese Landschaft formten,
ausgelassen. Eine erregende, erhabene Szenerie!

12. Tag | Bastei: Im Grenzgebiet zwischen Sachsen und Nordböhmen schuf die Elbe eine einzigartige Landschaft: das Elbsandsteingebirge. Schaue hier vom Basteifelsen, dem Wahrzeichen der Sächsischen Schweiz, in Richtung Kurort Rathen und Lilienstein.

Nilpferde am Elblauf

Es gibt Reisen, da meint man, in die Fremde aufzubrechen, und trifft doch nur Altbekanntes. Und es gibt andere, da radelt man schlicht ins Nachbarland, und alles, was bleibt, ist Staunen – in Tschechien ist uns genau das passiert! Denn es ersparte uns erst einen Besuch des Amazonasdeltas und später die wohl noch teurere Zeitreise ins Mittelalter. Aber beginnen wir am Anfang, und so, wie wohl alles beginnt: beim Urschleim.

Das Elbsandsteingebirge existiert noch nicht, die Elbe ist kaum mehr als ein Bächlein. Sie beginnt gerade erst, sich entlang einer alten Bruchzone in die Sandsteintafel der Sächsischen Schweiz zu schneiden. Zu Beginn der Elster-Kaltzeit, vor 500 000 Jahren, hat sie ihr Bett gefunden, noch 40 Meter über dem heutigen Niveau. Auch ihre Zuflüsse fressen sich in das weiche Sedimentgestein, und gemeinsam zerklüften sie es zu jener grandiosen Felsenwelt, an der wir nun, zwei Millionen Jahre nach dem Rinnsal, vorüberfahren: majestätische Tafelberge, schwindelerregende Türme, ein Paradies für Bergsteiger und Wanderer. Und da der Sandstein auf böhmischer Seite nie gebrochen wurde, reicht der artenreiche Laubmischwald der Hänge bis an die Ufer herab.

14. Tag | Nordböhmen, Děčín: Viel Altmetall am wichtigsten Eisenbahngrenzübergang zwischen Deutschland und Tschechien.

Děčín, die erste tschechische Großstadt, macht der Schönheit jäh ein Ende. Verwaiste Industrieanlagen säumen das Tal: Güterbahnhöfe, Schrottplätze, und rostige Verladekräne ragen wie das Filmset eines Endzeitdramas in den blassblauen Himmel. In Ústí nad Labem, unterhalb des schroffen Felsens, auf dem die alte Burg Schreckenstein thront, passieren wir auch die größte Staustufe der Elbe. An ihren gigantischen Schleusentoren sammeln sich aufgedunsene Fischkadaver. Mehr gibt es nicht zu sehen: Die Baudenkmäler der Innenstadt gingen 1945 im Bombenhagel unter.

Lebensraum Auenwald:
Rohrdommeln, Kraniche und
Seeadler gibt es hier. Selbst
Fischotter und Biber, vor Jahr-
zehnten fast ausgestorben,
sind zurückgekehrt.

44

Wir überholen eine im Stau erstarrte Blechlawine, fummeln uns durch Autobahnkreuze, nehmen eine Schnellstraße, die ihrem Namen keine Ehre macht. Wir sind so mit dem Verkehr beschäftigt, dass wir gar nicht merken, wie sehr sich die Landschaft verändert: Der Sandstein ist verschwunden. Links und rechts der Elbwindungen erheben sich Basaltkegel vulkanischen Ursprungs. Ihre schwarzen Hänge, oftmals gekrönt von einer Burg oder Kapelle, und das leuchtende Grün des Waldes machten das Böhmische Mittelgebirge um 1800 zum Geburtsort der deutschen Romantik. Und das passt: Vor uns erhebt sich weithin sichtbar der Doppelgipfel des Lovoš, ihm gegenüber der markante, kahle Kegel des Radobýl, und dazwischen, wie von Caspar David Friedrich gemalt, zwängt sich die Elbe durch eine tausend Meter lange Schlucht: die Böhmische Pforte. Danach weitet sich das Tal zur Bischofsstadt Litoměřice – und führt in eine Welt der Gegensätze.

Das böhmische Tiefland ist eine der wärmsten und fruchtbarsten Regionen des Landes. Das Wetter ist herrlich, und die Tage sind schwül, die Abende idyllisch, und an den Ufern der nun satt und träge dahinfließenden Elbe pulsiert das Leben. Im Gegenlicht der untergehenden Sonne schwirren Myriaden von Insekten durch wildverwachsene Auenwälder. Adler, Störche und Biber haben hier einen Lebensraum. Auch Krokodile könnte ich mir vorstellen, Nilpferde, Flamingos – rissen nicht qualmende Schlote uns an jeder Flussbiegung zurück in die Realität. Und damit sind wir bei den Gegensätzen.

15. Tag | Ústi nad Labem: Im zweitgrößten Elbhafen
nach Hamburg stellt sich dem Fluss
die höchste Staustufe entgegen – auch für uns
ein erhebliches Hindernis.

16. Tag | Litoměřice: Fühlen uns zunehmend wie in Südamerika.
Liegt es am Wetter? An den vielen Vögeln und Insekten? An der Breite des Stroms?
Oder sind wir einfach trunken vor Glück?

Das größte AKW des Landes, Temelin, ist seit Jahren umstritten. Die Tschechen kümmert das wenig: Es gibt sogar einen ausgeschilderten Radweg um die Anlage.

Ein Vierteljahrhundert ist es her, da brach der Sozialismus zusammen, und nicht überall ist es letztlich so geschmeidig gelaufen wie in Deutschland. Sein Erbe ist hier auf Schritt und Tritt zu spüren: in Zentren und auf dem Land, in den Gesichtern der Menschen und auf dem Teller im Restaurant.

Tschechien – das sind traumhafte, oft unaufgeregte Landschaften, rausgeputztes UNESCO-Weltkulturerbe und piefigster Osten in enger Umarmung. Gestern noch in Litoměřice auf einen Grauburgunder zwischen nordböhmischem Barock, heute im Slalom auf viel zu schmalen Radwegen mit viel zu großen Schlaglöchern. Nur selten begegnen wir anderen Radfahrern, Touristen überhaupt nicht. Höchstens mal einem Mütterchen, das auf dem Weg zum Schrebergarten flatternden Kopftuchs auf einem rostigen Drahtesel an uns vorbeizieht. Unai winkt ihr hinterher, und auch sonst allen, die uns kreuzen, überholen und entgegenkommen. Wenn er eines von dieser Reise mitnimmt, dann vielleicht das: »Was du ausstrahlst, das kehrt zu dir zurück.« Klappt bisher auch ganz gut. Wieder werden wir zur Übernachtung eingeladen, diesmal auf den Spielplatz einer Schule.

Die Schlaglöcher werden größer und die Unterkünfte rauer, Ruinen folgen auf Renaissancepaläste. Erinnere mich lebhaft an meine Kindheit im Osten.

17. Tag | Roudnice nad Labem: Die Elbe ist einer der letzten naturbelassenen Ströme Mitteleuropas. Nicht nur wir haben uns auf ihr treiben lassen …

17. Tag | Štětí: Wir können kaum fassen, wie nahe die Gegensätze in diesem Land beieinanderliegen: absolute Idylle und schwere Industrie. Tschechien gehört zu den größten Luftverschmutzern Europas.

Unai und die Zeltstangen

Ist man als Langzeitreisender unterwegs oder verdient gar mit Abenteuern seinen Unterhalt, hat man, entgegen landläufiger Meinung, zahlreiche Verpflichtungen. Es beginnt mit kleinen Dingen wie der Beschaffung und Zubereitung von Essen, der Instandhaltung des Fortbewegungsmittels oder der Suche nach Feuerholz und Wasser. Du musst aber auch die Himmelsrichtungen bestimmen und das Wetter mithilfe der Wolken lesen können, du musst improvisieren, basteln und erfinden. Du brauchst ein Gespür für Menschen und Situationen, du musst Gefahren sehen, bevor sie entstehen, und Momente beherzt ergreifen, ehe sie verschwinden. Du wirst auf deinem Weg fluchen und schwitzen und körperliche Qualen durchleiden und die behagliche Komfortzone liebgewonnener Sicherheiten verlassen, denn die Menschen anderer Kulturen reden anders, essen anders, tanzen und lieben anders. Es ist keine leichte, wohl aber eine der wertvollsten Erfahrungen des Unterwegsseins, mit den eigenen Grenzen in Kontakt zu kommen – und diese beizeiten zu überschreiten. Du kannst mit ihnen spielen, sie Schritt für Schritt nach außen verschieben und so Verantwortung für dein Leben übernehmen. Aber vor allem musst du jeden Tag eine Frage beantworten: Wo lege ich heute Abend meine müden Knochen hin?

Ein unbeschreibliches Gefühl: wach werden. Von der Morgensonne geküsst. Oder von einer weit entfernten Kirchenglocke. Oder auch erst am frühen Abend. Den Tag verschlafen. Warum nicht?

Im Laufe der Jahre habe ich das Hunderte, vielleicht schon Tausende Male getan: Pfarrheime und Missionen sind stets eine gute Adresse – du hast ein Dach über dem Kopf, und es gibt alles, was du brauchst: Wärme, Wasser und sogar Strom. Bildungseinrichtungen sind auch nicht schlecht. Wenn gerade Ferien sind, erweisen sich Schulhöfe als sicherer Unterschlupf, in dem du nur selten gestört wirst. Hast du dich hingegen im Wochentag geirrt, blickst du am Morgen mit zerknautschtem Gesicht in 200 Kinderaugen. Auch

Verhandeln die Route
täglich neu. Es gibt keine
festgelegten Etappen,
nur grobe Richtungen.
Nahziel: Prag. Fernziel: Spanien.
Hauptziel: Unterwegssein.

Für mich eine der schönsten Erfahrungen des Reisens: sein ganzes Hab und Gut
in vier Satteltaschen zu stopfen und alles auf ein Fahrrad zu schnüren.

Bahnhofswarteräume liegen hoch im Kurs: bei guter Ausstattung mit Bank-
heizung, was vor allem im Winter das Leben lebenswerter macht. Gewöh-
nungsbedürftiger sind Kirchen mit viertelstündlichem Glockenschlag und
leer stehende Särge, Bushaltestellen (laut, viele Fragen), Tunnel (noch lauter, schlechte Luft), Hochstände (Schlafen im Sitzen, zugig), Telefonzellen
(Schlafen im Stehen), Hotelrohbauten (auf gar keinen Fall vorher *Shining*
gucken), Stadtparkpavillons (Alkoholiker setzen sich auf dich) und Wald-
parkplätze (um 4 Uhr morgens quietschen die Reifen eines Sportwagens,
zwei Menschen steigen aus, gehen in deine Richtung – du siehst nichts, aber

Sind dank Zelt und Kocher unabhängig bei der Wahl des Schlafplatzes.
Hier geborgen unter den Ästen einer weit ausladenden Kastanie.

hörst alles – und vögeln auf der Motorhaube des Autos, hinter dem du liegst und – dir der Einsamkeit des Wolfes schmerzlich bewusst – den Atem anhältst). Danach kommen nur noch öffentliche Toiletten und Kühlcontainer. Doch wenn die Randbedingungen stimmen, hat auch ein Straßengrabenentwässerungsrohr das Zeug zum Paradies, in dem du, den Himmel segnend, deinen Schlafsack ausrollst.

Mit einem Kind auf langer Reise kommen nun Spielplätze hinzu. Ihre Vorteile liegen auf der Hand: Es gibt eine Wiese zum Zelten, Mülleimer, mit etwas Glück einen Wasserhahn, und an den Klettergerüsten trocknen die verschwitzten Klamotten des Tages. Die Nacht verspricht ruhig zu werden, und bevor am Morgen die ersten Familien kommen, sind wir auf und davon. Und dann sind da natürlich noch die Schaukeln, Rutschen und Federwippen, auf denen Unai bereits kreischt. Jenni und ich bauen indes das Zelt auf, legen jedoch nur das Gepäck hinein und uns selbst nach dem Abendessen mit Schlafsäcken ins Gras. Drei Sterne, vier Sterne, fünf Sterne – kann man alles vergessen. Diese Wiese ist das Eine-Million-Sterne-Hotel!

Wir dösen, träumen, schauen hinauf in die Kronen der Bäume und weiter bis zur Milchstraße und nicken ein. Als ich die Augen wieder öffne, ist der Himmel so ausgefüllt mit Sternen, dass ich

Schon vor der Reise sollte man jedes Gramm auf die Goldwaage legen: Wenn man es dort nicht tut, wird man es unterwegs täglich tun müssen.

Schwierigkeiten habe, schwarze Flächen ausfindig zu machen. Eigentlich komme ich mir vor, als sei ich gar nicht auf der Erde, sondern mittendrin, irgendwo an einem fernen, verlorenen Punkt, außerhalb von Zeit und Raum. Als ich das nächste Mal erwache, liegt Nebel über den Feldern, und es duftet, wie es nur im Sommer duftet, ein paar Stunden bevor man normalerweise aufsteht.

Am Horizont liegt ein leichtes Glühen, doch die Sonne ist noch nicht draußen.

Die Luft ist kalt und die Außenhaut des Schlafsacks klamm, und wir beide, er und ich, harren jetzt der ersten Strahlen, um ihn zu trocknen. Und dieses Abwarten ist der schönste Teil der Nacht, denn ich bin warm wie ein Toast in meinem kleinen Kokon, und deshalb drehe ich mich noch einmal um und betrachte das Schweben zwischen Träumen und Wachen ... bis es dann aber doch zu heiß im Schlafsack wird und wir, Jenni, Unai und ich, aufstehen, abbauen und losfahren möchten – doch Unai rückt die Zeltstangen nicht raus. Keine Chance. Es geht schon eine Stunde so.

Jenni hält ihm einen Ast hin und sagt: »Guck mal, so ein schickes Stöckchen! Wollen wir tauschen?«

Wollen wir nicht.

Gegen Mittag kommen wir dann zwar endlich los, aber nicht weit, denn obschon das Einpacken samt Katzenwäsche und Frühstück im Schnitt zwei bis drei Stunden dauert – manchmal, so wie heute, auch vier –, findet Unai es überhaupt nicht tragisch, nach 20 Kilometern wieder alles auszupacken. Pamplona, wir kommen!

18. Tag | Mittelböhmen, Mělník: Wir erreichen die alte Königsstadt Mělník. Ihr Schloss und der hervorragend erhaltene historische Kern thronen auf einem von Weinbergen umgebenen Hügel oberhalb der Konfluenz der zwei größten böhmischen Flüsse.

CZ

18. Tag | **Mittelböhmen, Königsstadt Mělník:** Hier mündet der mit 430 Kilometern längste Nebenfluss, die Moldau, in die bis dahin noch viel kürzere und wasserärmere Elbe. Viele Mücken!

20. Tag | Irgendwo in Mittelböhmen:
Schon die alten Ägypter sollen ihr Bier mit Hopfen
gebraut haben. In Böhmen tauchte die Pflanze
im 9. Jahrhundert auf.

Für den Moldauradweg
sind eine gewisse Grundfitness und ein
unterstützender Herzschrittmacher
absolut erforderlich! Hatten beides nicht.

Bier ist unser Lebenselixir

In Mělník, einer der ältesten und besterhaltenen Städte des Landes, verlassen wir die Elbe und folgen der Moldau nach Süden. Mit 430 Kilometern ist
sie der längste Fluss des Landes und dank Smetanas gleichnamiger Sym-
phonie auch der bekannteste. Liebevoll nennen die Tschechen ihre Vltava
die Mutter aller böhmischen Flüsse, und liegt es nicht nahe anzunehmen,
dass so, wie die Elbe einen Elberadweg hat, die Warnow einen Warnowrad-
weg und die Donau einen Donauradweg, die Moldau auch einen Moldauradweg besitzt? Und kann man nicht des Weiteren mit Recht vermuten,
dass all diese fluvialen Radwege geradeaus und horizontal am Flusslauf ent-
langführen und vor allem nett und ohne Anstrengungen zu befahren sind?

Vielleicht waren wir da ein bisschen naiv. Denn
die Moldau, wir merken das schnell, ist ein ganz
anderes Kaliber! Südlich von Prag hat sie sich ein
tiefes Bett gegraben, von Radwegen keine Spur.
Stattdessen geht es munter auf und ab durch Hü-
gelland und Mittelgebirge, entlegene Weiler und
endlose Wälder. Mal stoßen wir auf gigantische
Stauseen, an deren Ufern in sozialistischen Zeiten
Erholungsgebiete und elitäre Wohnsiedlungen
entstanden, dann wieder folgen wir den Windun-

gen der Moldau durch dramatische Schluchten. Die einzelnen Steigungen
sind zwar nie groß, in der Summe aber anstrengend, und auch unbefestigte
Abschnitte müssen wir, mitunter schiebend, bewältigen.

Wie soll ich es vorsichtig ausdrücken? Jenni hat die Schnauze von dieser
verfickten Tour gestrichen voll.

Es wird dann auch noch recht warm. Wissenschaftler sprechen von der
größten Hitzewelle der letzten 50 Jahre. Und so zwängen wir uns in den
Kofferraum eines Autos, fahren auch ein Stück mit der Böhmischen Bahn,
doch am Ende hilft nur eins: Bier!

Unser erster Kontakt ist rein visuell: Wir entdecken Hopfenfelder links und rechts des Flusses, so weit das Auge reicht, endlos wie bei uns die Weizenfelder. Sie kommen mir vor wie die Hängenden Gärten der Semiramis: Überall tropft Wasser, Vögel flattern und singen, und an den gigantischen Strukturen aus Holzmasten und Drahtnetzen wächst der Hopfen bis zu 35 Zentimeter pro Tag in die Höhe.

Humulus lupulus ist der botanische Begriff für diese mit dem Hanf verwandte Kletterpflanze, die dem Bier Haltbarkeit, Schäumvermögen und seine prägnante Bitternote verleiht. Die Tschechen lieben und trinken es seit Anbeginn der Zeit: Es könnte, da bin ich mir sicher, in allen Flüssen fließen und würde doch nicht ausreichen. 143 Liter pro Kopf und Jahr konsumieren sie im Durchschnitt, so viel wie niemand sonst in Europa.

Am besten schmeckt das Bier in einer typischen Pivnice: nicht mehr als ein paar Holztische, ein bisschen Kitsch an den Wänden und ein derber Kellner.

26. Tag | Südböhmen, České Budějovice: Wir besichtigen die weltbekannte Brauerei von Budweis. 1,6 Millionen Hektoliter Bier rollen hier jährlich über das Band.

CZ

Zum Vergleich: Ein Deutscher isst im selben Zeitraum 56 Kilogramm Brot. Die Bräuhäuser und Gaststätten sind zwangsläufig zu jeder Tageszeit voll, und da alle im Schankraum wissen, dass nicht die Qualität der Küche der ausschlaggebende Punkt ist, sondern die des gezapften Bieres, umarmen sie erst sich und dann das Leben, und dann lüpfen sie Gläser, die in anderen Kulturen als Amphoren durchgingen.

Bereitwillig trinken wir auf leeren Magen mit und spüren nach, wie das Gift langsam die Nerven entspannt. Dabei kommt uns eine weitere tschechische Gepflogenheit zugute: Das Bier wird in traditionellen Kneipen so lange unaufgefordert auf den Tisch gestellt, bis man zahlt oder umfällt. Das ist unser Glück: Denn Geld haben wir kaum.

Český Krumlov: Krumau ist eine magische Stadt, und alles an ihr ist krumm: die Moldau, die Gassen, die Bewohner. Ihr Name wird vom deutschen Ausdruck »krumme Aue« abgeleitet, denn mehrmals wickelt sich der Fluss in großen Schleifen um den mittelalterlichen Stadtkern.

28. Tag | Český Krumlov: Sind gerade angekommen und stehen am Ufer der Moldau.
Die Stadt schläft noch und mit ihr die Reisebusse und Touristen.
Ein Moment vollkommener Idylle!

Neben den vielen malerischen Gassen gibt es auch einige, die noch nicht die Verheißungen der Reiseführer erfüllen ..

Immerhin ist es der Hitzewelle zu verdanken, dass wir am 28. Juni ungewöhnlich früh aufstehen. Es ist noch dunkel, Tau liegt auf den Wiesen, und als wir die Tore von Český Krumlov erreichen, lugt die Morgensonne gerade über den Horizont. Die Stadt schläft, und irrten nicht die letzten Schatten durch die Gassen, könnte man meinen, sie sei verlassen.

Um 8 Uhr ändert sich das schlagartig. Die ersten Busse aus der Hauptstadt trudeln ein und schütten ihre Ladung, von Klickgeräuschen begleitet, auf einen großen Parkplatz unterhalb der Burg. Es sind asiatische Touristen, die Krumau, wie man die Stadt im Deutschen nennt, als Tagesausflug von Prag oder als Zwischenstopp auf ihrem Weg nach Wien einen Besuch abstatten. Sie kommen wegen der Braukunst, der bömischen Klöße und des Schweinebratens, auch wegen der Altstadt, die zum Weltkulturerbe zählt, und hängen nun im Schlepptau einer Dame mit Namensschild am Revers und dem obligatorischen Regenschirm in der Hand.

Hier liegen Werkstätten, Galerien, Tonstudios, Ateliers – Spielräume derer, die nicht vom Tourismus leben.

Die Burg sei eigentlich ein Schloß – die ersten Kameras klicken –, sagt die Stadtführerin, und im Mittelalter sei hier der Sitz des mächtigsten böhmischen Adelsgeschlechts, der Herren von Rosenberg, gewesen. Sechs Jahrhunderte hätten sie an dem Burgkomplex gefeilt, und allein deshalb, aber nicht ausschließlich, gehöre er zu den größten architektonischen Schöpfungen Mitteleuropas. Das Areal umfasse vierzig Gebäude mit mehr Zimmern, als das Jahr Tage habe, fünf Schlosshöfe, ein Barocktheater, eine Rokokokapelle und einen Braunbären, der den Burggraben umpflüge. Klick.

Blicke man von seinen hohen Wehrmauern auf die kopfsteinbepflasterten Gassen Český Krumlovs, beginne man zu verstehen, warum die Tschechen für ihre Märchen und Kinderfilme so berühmt sind. Geschichtsfanatiker, Märchenfans und Burgenanbeter könnten Jahre in Südböhmen verbringen. Aber wolle man es abkürzen, komme man einfach nur nach Krumau! Kein Giebel, hinter dem nicht eine Hexe lauere, keine Spelunke ohne Ritter, kein Burggraben ohne Unhold, und im Schlossturm von Český Krumlov warte das Burgfräulein auf das Ende des Tages.

Erneutes Klicken begleitet die Frage, ob die mehr als 100 Meter hohe Mantelbrücke nicht an ein antikes römisches Aquädukt erinnere? Nur etwas barocker und seltsam … aphysikalisch: Mit ihren zwei geschlossenen Etagen über einem offenen Bogengang scheint sie den Naturgesetzen arg entgegenzulaufen. Märchenweltmäßig eben.

Überhaupt fragen wir uns, ob Egon Schiele, der einige Monate hier im Geburtsort seiner Mutter zubrachte, eigentlich die Stadt gemalt hat oder ob sie vielmehr nach seinen Bildern gebaut wurde. Denn alles ist schief und krumm und verwinkelt: die spitzen Türme und die reichlich verzierten Giebel, die Erker, Dächer, Laubengänge, Bögen, Zinnen, Balustraden, Ecksteine, Balken, die versteckten Brunnen und Unterführungen. Es gibt Treppen hinauf und hinunter und mindestens fünf Brücken über die Moldau, die sich mehrmals um den Altstadtkern wickelt und ihr dadurch ihren Namen gab: die Krumme Aue. Krumau. Jetzt lösen auch wir aus. Es ist fast zu schön, um wahr zu sein: Klick!

31. Tag | Klostergarten: Das Verweilen ist ein wesentlicher Bestandteil des Reisens. Wenn man es nicht übertreibt! Jenni ist seit einer Woche nicht aufgestanden. Befürchte, wir schaffen es vor Wintereinbruch nicht bis nach Österreich.

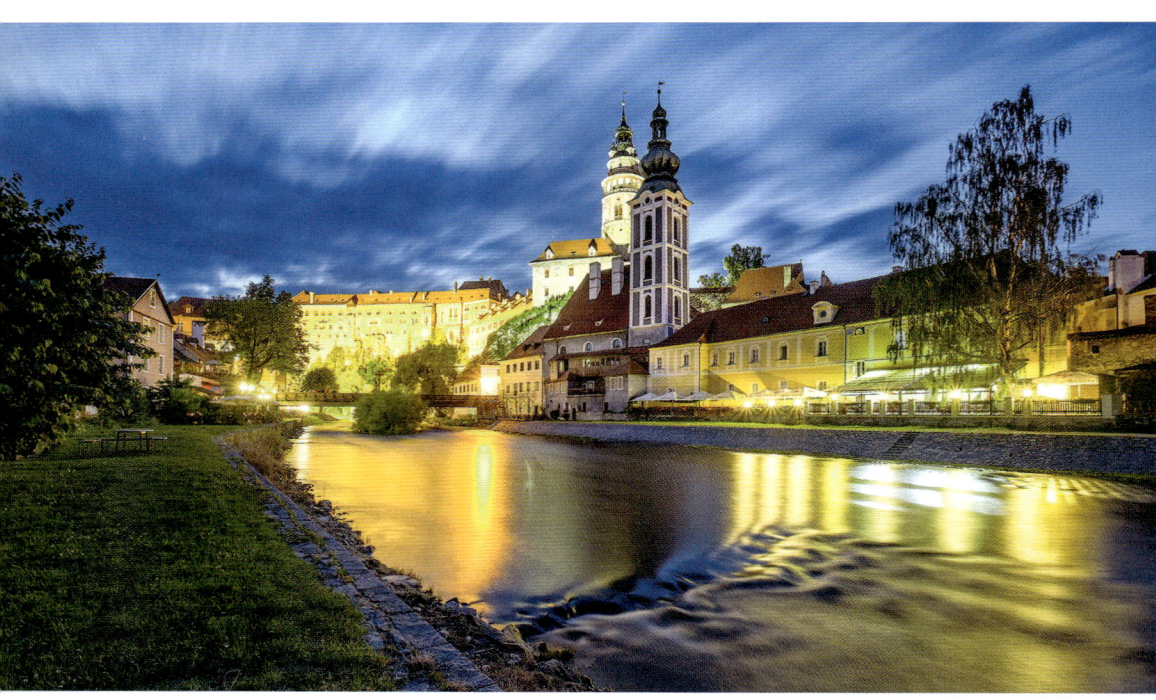

34. Nacht | Český Krumlov: Die ganze Stadt ist ein einziges historisches Denkmal,
wie Siena oder Stirling, nur mit besserem Bier!

Kaum haben die Touristen die Stadt verlassen, beginnt das Leben: Im Cikánská Jizba treffen wilde Musikanten auf geneigte Zuhörer.

»Český Krumlov ist eine magische Stadt«, sagt die Führerin, »und trotzdem kein Freilichtmuseum, auch wenn manche Leute das denken. Alles hier ist echt. Die Stadt hat einfach 700 Jahre lang Glück gehabt und ist nie zerstört worden. Nicht von den Bomben des Zweiten Weltkriegs, nicht vom Ersten, noch nicht mal vom Dreißigjährigen Krieg – und nach dem Ende des Eisernen Vorhangs wurde sie sanft restauriert.«

Český Krumlov ist, ohne Wenn und Aber, die Perle Böhmens – und deshalb nach Prag leider auch die meistbesuchte Stadt des Landes. Busladungen asiatischer Touristen drängen sich tagsüber durch die Plätze – mehr als eine Million Menschen jedes Jahr.

Abends jedoch versiegen die Besucherströme. Die Touristen trotten zurück zum Parkplatz, wo sie bereits von fliegenden Kosmetikhändlern mit der Pflegeserie für Senioren erwartet werden. Oder mit Plastikanstecknadeln in Bierkrugform. Oder mit einer – Vorsicht: Selbst im Dreck findet man Juwelen! – Mantelbrosche der Mantelbrücke.

Ein letzter Klick: der Bus. Die Insassen winken zum Abschied, dann ist es merkwürdig still.

Nur ein leiser Wind geht durch die Gassen, als würde die Stadt nach einem langen Tag tief Atem holen. Der Mondschein zittert auf der Moldau, und fahles Licht sickert aus alten Lampen. Und wenn sich dann die Nacht über Krumau legt und der Nebel die letzten Passanten von den Plätzen fegt, dann kommen sie aus ihren Höhlen: die Überlebenskünstler und die Freigeister, die Schriftsteller und Dissidenten, Maler und Musiker, und das Lachen junger Menschen hallt über das Pflaster. Urige Bierstuben, die Pivnices, öffnen ihre Türen, und in dunklen Gewölben stimmen bunt gekleidete Zigeuner mit faltigen Händen ihre alten Instrumente. Hier eine Lesung, dort eine Vernissage und dazwischen ein Laienschauspieler im mittelalterlichen Kostüm. Und so erwacht in Krumau, diesem mittelalterlichen Städtchen in Südböhmen, das wahre Leben.

35. Tag | **Südböhmen, Šumava:** Wir erreichen den bisher höchsten Punkt der Reise: den Böhmerwald, das »Grüne Dach Europas« und Ursprung der Moldau.

Schneesturm über den Alpen

Die ehemalige Grenze zwischen Ost und West verläuft durch eines der größten zusammenhängenden Waldgebiete Europas. Verkehrsaufkommen an einem lauen Sommerabend gegen 19 Uhr? Gleich null. Wir passieren den verwaisten Schlagbaum, blicken noch einmal zurück über den Böhmerwald, dann sind wir in Österreich, der dritten Station unserer Reise. Das Gras ist prompt ein bisschen grüner, die Schlaglöcher sind verschwunden, und statt der Bierpausen liegen nun üppige Wurstjausen am Wegesrand, ein Holzbrett voller Köstlichkeiten: Speck, Schinken, Salami und Schweinsbraten, sonntags mit einem Töpfchen Gänseschmalz, Bergkäse und frisch geriebenem Kren. Dazu: hausgemachtes Bauernbrot, saure Gurkerln und Hefeweizen. Danach: Entzugsklinik.

36. Tag | Bad Leonfelden: Unglaublich, aber wahr: Es geht körperlich bergauf! Ausgerechnet Österreich sollte das erste Land werden, das wir komplett durchradeln.

In Linz suchen wir uns wieder einen Fluss: die Traun. Beschwingt und ohne Anstrengungen geht es auf dem Uferradweg in drei Tagen stromaufwärts bis ins Salzkammergut: 76 kristallklare Seen zwischen schroffen Felswänden und sanften Hügeln der Voralpen. Schon Kaiser Franz Josef und seine Gemahlin Sissi verbrachten ihre Sommerfrische hier – und zwei Millionen Ausflügler folgen heute jährlich ihrem Beispiel. Man sagt, dies sei einer der schönsten Landstriche Österreichs: Attersee, Mondsee, Fuschlsee, und in der Tat ist einer malerischer als der andere. Das Ausmaß des Fremdenverkehrs aber ist erschreckend. Zahlreich und unverhüllt liegen die Urlauber wie Sardinen in der Sonnenmilch, immer ein bisschen dicklich und meist im Bild – ein ebenso verführerischer wie unerträglicher Anblick. Für immer bleiben also?

38. Tag | Salzkammergut, Attersee: Das Salz, das hier seit Menschengedenken abgebaut wird, hat der Region ihren Namen gegeben. Berühmt ist sie für die Schönheit ihrer Seen.

Schon Gustav Klimt erlag dem Charme dieser lieblichen Landschaft. Zwischen 1900 und 1916 verbrachte er seine Sommerfrische am Attersee.

42. Tag | Postalm: Im Sturzflug nach Abtenau. Wir haben
Regen und Gewitter im Nacken. In jeder Kurve dramatische Blicke
zum wolkenverhangenen Dachsteinmassiv!

40. Tag | Schafbergspitze:
Die steilste Zahnradbahn
Österreichs führt seit über
hundert Jahren von St. Wolf-
gang auf den 1783 Meter
hohen Schafberg.

Bloß weiter! Weg von den Menschen, den Porscheparkplätzen und vor
allem weg von dieser Servicelandschaft, in der jeder Wunsch schon erfüllt
ist, bevor ich ihn auch nur denke. Hin zu sattgrünen Blumen- und Kräuter-
wiesen, zu Bauernbrot und Bergkäse, Aug in Aug mit Schaf und Kuh – auf
die Postalm!

Wir müssen dazu nicht weit radeln. Nur ein paar Kilometer südlich des
Wolfgangsees beginnt die Mautstraße oder, wie es lakonisch auf einer höl-
zernen Informationstafel steht: 10 Kilometer, 10 Kehren, 10 Prozent Steigung. Ich möchte das Leid nicht weiter ausführen, nur so viel: Der Aufstieg
lehrte uns zwei Dinge. Erstens, dass die besten Jahre schon hinter uns liegen, und zweitens die Alpen noch vor uns.

Die Postalm, ehemals ein riesiges Waldgebiet, war dann ganz schön. Vor
300 Jahren wurde es gerodet, um Brennholz für die Sudpfannen der Salinen
und Baumaterial für die vielen Bergwerkstollen des Salzkammerguts zu gewinnen. Wiederaufgeforstet wurde nie, denn den Abtenauer Bergbauern
kam das neu gewonnene Weideland gerade recht. In der Folge entwickelte
sich das Plateau zur größten Hochalm Österreichs: 42 Quadratkilometer
mit nichts als sanft gewellten Wiesen, dunklen
Tannenwäldern, Kaspressknödeln und Fleckvieh.
Wir probieren von allem ein bisschen, radeln
dann die Salzach entlang durch den Pongau und
Pinzgau und erreichen nach einer regnerischen
Woche den Hauptkamm der Alpen.

Die historischen Dampflokomotiven zählen
zu den ältesten der Welt. Für die 1190 Höhenmeter
brauchen sie 35 Minuten, 500 kg Steinkohle
und 3000 Liter Wasser.

Vor uns liegen die Hohen Tauern: grau und be-
drohlich und – wie ihr Name befürchten lässt –
unsäglich hoch. Herz und höchster Gipfel ist der
Großglockner. An seiner Flanke liegt die Pasterze,
mit 17 Quadratkilometern Österreichs mächtigs-
ter Gletscher.

40. Tag | Spätabends: Ich stehe auf dem 1589 Meter hohen Törlspitz. Vor mir der markante Gipfelgrat des Schafbergs. Rundherum glitzern die Seen des Salzkammerguts – und ist das Wetter klar, reicht die Sicht vom Böhmerwald im Norden bis zum Hauptkamm der Alpen im Süden.

46. Tag | Hohe Tauern: Die Großglockner-Hochalpenstraße führt
mitten durch den zweitgrößten Nationalpark Europas.
Ein Klacks, wenn ich an meine vergangenen Reisen denke.
Doch mit Kind und Kegel ist alles anders …

Man hatte uns vor den Wetterkapriolen gewarnt, aber damit haben wir trotzdem nicht gerechnet: Nach den böhmischen Hitzewellen toben nun Schneestürme.

Bereits 1981 wurde dieser Gebirgsstock als größter Nationalpark des Alpenraums unter besonderen Schutz gestellt: die Zirbenwälder und alpinen Matten, eiszeitlich geformten Täler, Geröll- und Gletscherfelder, aber auch das über Jahrhunderte von Bergbauernhand geschaffene Kulturland. Durchschlängelt wird diese grandiose Landschaft von der wohl berühmtesten Panoramastraße der Alpen: 27 Kehren, 2000 Höhenmeter, 30 Kilometer bergauf – ohne Wenn und Aber der mit Abstand größte Brocken der Reise!

Schon die Kelten und nach ihnen die Römer quälten sich vor Jahrtausenden über den Pass am Hochtor. 2000 Jahre später wurde der in Kärntner Landesdiensten stehende Ingenieur Franz Wallack beauftragt, eine Straße für die motorisierte Querung der Alpen zu planen. Innerhalb weniger Wochen legte er einen Entwurf vor: Wallack hatte nicht den einfachsten und pragmatischsten Weg von Nord nach Süd gewählt. Er wollte den Mobilisten ein unvergessliches Fahrerlebnis bieten, eine »Sehschule der Natur«, wie der ehemalige Präsident des Österreichischen Naturschutzbundes, Eberhard Stüber, sie nannte, in der sich mit jeder Kehre neue Ausblicke öffnen. Und er wollte, so hieß es in einer Erklärung, dass auch »Alte, Kranke und Behinderte den Zugang zu Naturschönheiten erhalten, auf deren Genuss jedermann ein Anrecht hat«.

Unter Denkmalschutz und seit 2016 auf der Welterbe-Vorschlagsliste der UNESCO: die Glocknerstraße.

Es wurde die größte Arbeitsbeschaffungsmaßnahme in der Geschichte Österreichs. Von 1930 bis 1935 wühlten sich Tag für Tag 3200 Arbeiter in die Hänge. Eine Schufterei, aber die Anstellung war in Zeiten wirtschaftlicher Not sehr gefragt. Aus ganz Österreich kamen Friseure, Bäcker und Buchhalter, die im Zuge der Weltwirtschaftskrise arbeitslos geworden waren.

Die grauen Berge und der graue Himmel sind eins geworden. Hätten wir doch die Elektroausführung nehmen sollen?

Am 3. August 1935 wurde die Hochalpenstraße nach fünfjähriger Bauzeit eröffnet, und bereits einen Tag später organisierte man den Großen Bergpreis von Österreich, ein Rennen für Krafträder und Automobile. Diese Rallye war ein Geniestreich: 130 000 zahlende Besucher wollten sich in den ersten Monaten bis zum Wintereinbruch die Sensation dieser Hochgebirgsstraße nicht entgehen lassen. Und bis 1937 wurde – statistisch gesehen – jedes österreichische Privatauto 1,42-mal über die Glocknerstraße gelenkt! Nach dem Krieg machten die deutschen Käferfahrer damit weiter und dann die Biker, und Mitte 2016 kamen wir. Nun ja, wir versuchten es.

Zu meiner Verteidigung muss ich sagen, dass ich schon die Andenkordillere durchradelt habe: miserable Pisten, dünne Luft, kein Wasser, und die Pässe liegen auf 5000 Metern Höhe – aber mit einem beladenen Lastenrad ist alles anders! Du brauchst mehr Pausen, hechelst, schiebst und fluchst. Du fragst dich, ob es leichter ginge, wenn du Luftballons am Rahmen hättest. Oder vielleicht ein E-Bike, wie all diese Warmduscher, die erst fröhlich schnatternd an dir vorüberziehen, am Gipfel aber beisammenstehen, sich auf die Schultern klopfen und die Strapazen des Anstiegs beschwören.

Dach der Tour und Tiefpunkt der Stimmung: eisiger Wind und Schneefall am höchsten Punkt dieses asphaltgewordenen Alptraums.

Am Ende bist du allein, ein Punkt in der Landschaft, die dich umgibt wie ein Meer und vollkommen einhüllt. Und in dieser Blase bist du nur mit dir beschäftigt: mit dem Zittern der Beine, dem Schweiß, der dir in die Augen rinnt, dem Pulsieren des Blutes in deinen Schläfen. Nur im Cockpit herrscht Partystimmung: Unai fühlt sich pudelwohl in seiner Kiste. Und wir nutzen die Gunst der Stunde und strampeln weiter – langsam, stetig – durch Sturm und Regen dem Gipfel entgegen.

Partystimmung im Cockpit: Unai fühlt sich pudelwohl in seiner trockenen, komfortablen Kiste. Er winkt den vorbeifahrenden Autos, vergnügt sich mit Bällen und Wimmelbuch. Ginge es nach ihm: Dieser Tag würde niemals enden.

Alles wegen Peter

Es gibt Situationen im Leben, da ist es dem Partner nicht zu vermitteln, dass das, was man gerade tut, schön ist. Es sind diese kostbaren Momente, in denen sich der Schmerz in den Beinen und jener, der einen überkommt, wenn man die Schönheit vor Augen nicht begreifen kann, einander die Waage halten. In denen man die Verletzlichkeit spürt, der man auf dem Fahrrad ausgesetzt ist. In denen Jenni verfluchte, mit mir auf Reisen gegangen zu sein, und ich anmerken möchte: »Nicht das richtige Rad muss man haben, sondern die richtige Einstellung!« Dies ist so ein Moment. Allerdings – das muss man der Fairness halber sagen – wusste ich, im Gegensatz zu Jenni, warum wir uns das antun.

46. Tag | Hochtor: Ein Abenteuer besteht nie darin, ferne Länder zu bereisen oder schneller zu sein als andere, sondern einzig in der Bereitschaft, die Geborgenheit des Gewohnten gegen einen ungewissen Lagerplatz einzutauschen.

Peter: auf der Suche nach einem einfachen Leben im Einklang mit der Natur und mit sich selbst.

Peter. In zwei Tagen werden wir bei ihm sein! Sein Hof liegt auf der anderen Seite der Alpen, und es ist für mich einer der schönsten Plätze der Welt.

Vor zehn Jahren hatte mich ein Freund in diese Berge eingeladen. Sein Haus erreichte ich nur mit Schneeketten, es lag auf 1400 Metern. Der einzige Nachbar wohnte 200 Höhenmeter tiefer, und wir besuchten ihn, denn es war Silvester. Mit schweren Schuhen, Stock und Stirnlampe stiegen wir ab, fielen und rutschten, und als wir bei Peter, denn so hieß der Nachbar, ankamen, hatte ich blaue Lippen und zwei geprellte Rippen, und noch nie hatte ein Essen so gut geschmeckt wie jenes, das Peter an diesem Abend für uns zubereitete. Seitdem habe ich Peter oft besucht, und wenn ich ihn nicht besuchte, träumte ich davon, einmal einen eigenen Hof zu haben. Und so kann man sagen, dass ohne ihn wohl alles ganz anders gekommen wäre …

Aber zurück zur Geschichte, in der es ebenfalls schneit. Im Juli! Wir hocken in einem Holzverschlag am Hochtor und sehnen uns nach einem Heißgetränk. Das Gute an einem Wintereinbruch: Es mangelt so ziemlich an allem – Sonne, Musik, Stimmung –, aber nicht an Wasser. Also Kocher raus. Topf rauf. Schnee rein. Denn viel mehr als einen warmen Tee brauchst du nicht zum Glück, wenn dir der Hagel um die Ohren fliegt. Ein Keks kann auch nicht schaden, Nüsschen, Schokolade – was wir an Energiespendern noch dabeihaben, wird hier und jetzt vertilgt.

Dann sitzen wir auf: Vom bis dato höchsten Punkt der Reise stürzen wir uns hinab ins Mölltal. Immer wieder müssen wir pausieren: So schwer ist das Lastenrad, dass die Scheibenbremsen glühen, und uns wird auf der Straße durch die noch eingeschneiten Hänge der Hohen Tauern empfindlich kalt. Immerhin lassen wir beim Rausch in die Tiefe nun die Busse links liegen, deren Fahrer uns eben noch beim Aufstieg mit mitleidiger Miene überholt hatten. Die Strapazen sind vergessen. Schon bricht die Sonne durch die Wolken und beschert uns eine Vorahnung von Italien.

Peters Hof ist Balsam
für die Seele, einer
dieser Orte, an denen man
den Trubel der Welt
hinter sich lassen kann.

Am Ende der Abfahrt liegt Mörtschach, und hoch über dem Tal, weit hinter den letzten Almen und Gehöften, nur noch umgeben von Teichen, Wald und Wiesen, jener Ort, an dem Peter vor 16 Jahren seinen Traum verwirklichte: ein einfaches Leben in respektvollem Umgang mit der Natur. Nicht mehr auf ihre Kosten wollte er leben, sondern mit ihr. Mensch, Tier, Pflanze – Peter sagt das immer wieder – bedingen einander, und er möchte Teil dieses Netzwerks sein und vor allem: mit den Händen in der Erde wühlen!

In einer Zeit der Hektik und des Konsums begann er nach Alternativen zu suchen und beschäftigt sich seitdem mit dem Konzept der Permakultur, der Schaffung von dauerhaft funktionierenden, naturnahen Kreisläufen.

»Das ist Ferdinand«, sagt Peter, zeigt auf einen Ziegenbock und reicht ihm ein paar Blätter.

»Hier irgendwo im Teich schwimmen Astrid und Axel.« Die Forellen.

»Und dort spaziert Rudi, the Rooster!« Womit wir bei dem Thema wären, mit dem Peter und sein Hof es zu einiger Berühmtheit gebracht haben, doch dazu gleich mehr.

Alles hier ist idyllisch, urwüchsig, geradezu weltabgewandt – eine bukolische Welt aus Schmetterlingen und Bienen, aus klarer Bergluft und gurgelnden Bächen. Nur eines fehlt, wie schön: menschengemachter Lärm!

Dafür riecht es nach gemähtem Gras und feuchter Wäsche. Natürlich stellen wir hier die Räder ab, lassen die Seele für eine Woche baumeln und helfen Peter bei der Mahd. Während ich die Sense durch die Wiese ziehe, kommt mir der deutsche Kabarettist Oliver Hassencamp in den Sinn: »Was der Bauer nicht kennt«, schrieb er einmal, »das frisst er nicht. Würde der Städter kennen, was er frisst, er würde umgehend Bauer werden.« Man könnte sagen: Genau das ist Peter passiert.

47. Tag | Ederhof: Am Ende einer langen Schotterpiste, umgeben von Wald
und Wiesen, lebt Peter zusammen mit Hühnern, Bienen und Forellen.

Peter Kahn begann als Maschinenbauer, ein Job, der ihm zwar Geld, aber keine Erfüllung brachte. Er sattelte um. In München gründete er eine kleine Baufirma, setzte auf solides Handwerk und Perfektion im Detail und war bald so gefragt, dass er zwar noch mehr Geld, aber kaum noch Zeit hatte. Er machte das ein paar Jahre mit, als Rädchen, wie er sagt, in einem sich wichtig nehmenden Getriebe. Dann hängte er seinen Job an den Nagel, nahm Abschied vom Großstadtleben und ging in das Tal seiner Jugend zurück. Er wollte Ballast abwerfen, vereinfachen – auf dass sich die Freiräume, die dadurch entstünden, wieder mit Leben füllten.

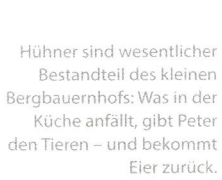

Hühner sind wesentlicher Bestandteil des kleinen Bergbauernhofs: Was in der Küche anfällt, gibt Peter den Tieren – und bekommt Eier zurück.

Peter zieht das trockene Gras mit einem Rechen zusammen und trägt es auf den Heuhaufen. Die Ziegen laufen freudig herbei, Rudi, the Rooster, ist längst da und hat die Hühner mitgebracht. Peter kennt sie alle mit Namen.

Wer viel in der Natur ist, spüre ich, entwickelt Geduld, Respekt und eine gesunde Demut. Vieles relativiert sich: Du sprichst besonnener, urteilst langsamer – denkst freier.

»In den Städten«, sagt Peter am Abend bei Käse, Schinken, Brot und Rotwein, »ist die Gedankenwelt von Häusern umstellt, von Regeln, von Paragrafen und Konventionen. In den Bergen ist alles möglich!«

Da hat er recht! Ein Beispiel? Peter baut gerade einen Hühnerstall in den exakten Proportionen der altägyptischen Cheops-Pyramide. Wie das Grabmal des Pharaos ist auch Peters Pyramide genau nach den vier Himmelsrichtungen ausgerichtet. Der Goldene Schnitt bestimmt die Lage, hochpräzise Mathematik ihre Maße. Läuft alles nach Plan, wird der 413,68 Zentimenter hohe Käfig aus Bewehrungseisen astrale Energie auffangen und diese an die in ihm wohnenden Hühner in irgendeiner Form weitergeben. Einer esoterischen Lehre zufolge, so lese ich abends in einem abgegriffenen

Nur noch wenige Bauern halten Hühner: Sie haben viele natürliche Feinde und sind leichte Beute für Wildtiere. Doch damit ist nun Schluss!

Wälzer, wird kosmische Strahlung von Pyramiden ähnlich gebrochen wie Licht von einem Prisma. Den in verschiedenen Höhenlagen der Pyramide vorherrschenden Frequenzbereichen werden daraufhin unterschiedliche Nutzungsmöglichkeiten zugeordnet, zum Beispiel die Konservierung von Nahrungsmitteln oder das Schärfen stumpfer Rasierklingen.

»Für einen Hühnerstall«, murmele ich, »ist die Form aber etwas gewöhnungsbedürftig.«

Peter guckt überrascht. »Ich hab ihn nach dem Abbild der Großen Pyramide von Gizeh gebaut.

Ob man dabei gewisse geometrische Formen exakt einhält oder nicht, ist von der Ausführung und vom Material-Kosten-Faktor her eigentlich unerheblich. Ich hab's halt eingehalten. Im Grunde ist es ein Eigenexperiment.«

»Und der Kerzenleuchter da drinnen?«

»Da haben wir Einweihungsfeier gehabt«, sagt Peter. »Hühnerfreilassungstag, eine kleine Party mit Prosecco.«

Von den Eiern spricht schon ganz Mörtschach. Ob sie wirklich so besonders sind? Noch kann es niemand sagen, die Hühner müssen dazu über längere Zeit der Pyramidenenergie ausgesetzt sein. Aber eines steht jetzt schon fest: Die interessanten Leute leben oberhalb von 1000 Metern!

49. Tag | Hohe Tauern: Wir machen einen Ausflug mit Peter. Frage:
Bedeutet Verzicht, dass unser Leben arm und langweilig werden würde? Oder wird
es vielmehr reicher, wenn wir uns aus dem Getriebe nehmen? Würden wir
zum Beispiel Zeit gewinnen? Zeit, in der wir Dinge tun könnten, die Freude machen.

49. Tag | Hohe Tauern: Traumhafte Stimmung am Almgasthaus Glocknerblick. Dahinter die Gebirgslandschaft der Schobergruppe mit 56 Dreitausendern!

51. Tag | Hohe Tauern, Kreuzeckgruppe: Ich steige mit Peter auf das Hochkreuz (2709 m). Fantastische Blicke auf das Mölltal und die Goldberggruppe vor uns. Es gibt sie noch: menschenleere Orte in den Alpen!

Le Corbusiers Berge

Ganz im Vertrauen: Manchmal frage ich mich schon, ob wir nicht die langsamsten und faulsten Radler auf dem Weg nach Spanien sind. Mit Augen, die zu leuchten beginnen, wenn wir anderen Reisenden von der Strandbar mit den lässigsten Sesseln erzählen oder von dem Gasthof mit den besten Marillenknödeln.

Aber sind wir mal ehrlich: Ist es nicht gerade das langsame Unterwegssein, welches sich genussvoll gegen die Eile stellt, das unsere Reise so besonders macht? Die Freiheit zu bleiben, wo es uns gefällt. Auf einer warmen Wiese einzunicken und uns vom Rauschen des Baches in ferne Welten entführen zu lassen. Auch mal einen Tag zu bleiben und nichts zu tun, einfach weil Peter Johannisbeeren gepflückt und versprochen hat, sie am Abend mit frisch geschlagener Sahne zu servieren. Ja, ist das nicht das Eigentliche: Loszulassen, den Blick für das Kleine und Flüchtige zu öffnen und sich täglich neu wie ein Blatt vom Wind ins Ungewisse tragen zu lassen?

Doch was, wenn er gar nicht mehr bläst? Wenn die drängende innere Stimme, die, die noch vor einer Woche unbedingt nach Spanien wollte, nicht mehr zu hören ist? Dann klebt man fest am Balsam für die Seele, an der Wiese, in der man liegt und in den Himmel starrt.

»Pamplona läuft ja nicht weg«, höre ich mich schon sagen. »Warum bleiben wir nicht einfach hier?«

»Stell dir das mal vor: frische Hühnereier jeden Morgen, Johannisbeeren mit Sahne, Lagerfeuer unter den Plejaden.«

»Und dann die Schobergruppe im Norden, das Hochkreuz im Süden – was wären das für Wanderungen!«

»Wir könnten lernen, wie man Honig macht und Ziegen hält.«

52. Tag | Südtirol, San Candido: Sitzen wieder im Sattel. Vor uns liegt einer der schönsten Streckenabschnitte der Reise: das Pustertal.

53. Tag | Pustertal: Was für uns gilt, das gilt noch mehr für Kinder:
Reisen weiten den Geist und öffnen das Herz. Sie lehren uns,
ohne Erwartungen in den Tag zu gehen, Vorurteile abzubauen,
Fragen zu stellen, neugierig zu sein.
Reisen sollte Pflichtfach in jeder Schule werden!

55. Tag | Naturpark Schlern-Rosengarten: Bin für ein paar Tage allein
in den »bleichen Bergen« unterwegs. Zwischen Wolkenunterkante und Schlern
liegt in der Ferne die Landeshauptstadt Bozen.

In Südtirol gibt es drei offizielle Landessprachen: Italienisch, Deutsch, und im Dolomitengebiet ist die ladinische Sprache beheimatet.

Die drängende Stimme ist verschwunden. Ihr sind die Argumente ausgegangen, während ich die Schäfchenwolken zähle. Ganz langsam: »Eins. Zwei. Drei.«

Das ist das Stichwort.

»Bereit, bereit!«, ruft Unai, rennt zum Fahrrad, klettert am Rahmen empor, hangelt sich am Lenker vorbei nach vorn und plumpst in seinen Transportkasten. Aus den Seitentaschen angelt er eine kleine gelbe Sonnenbrille. Er setzt sie sich auf, sie fällt runter. Egal.

Er streckt die Arme in die Höhe: »Vamos!«

Und ich sage: »Festhalten!«, und seine kleinen Hände ergreifen links und rechts die Alustreben. Wir brausen die Piste hinab ins Mölltal, Jenni stürzt, doch es ist nur ein Kratzer. Der Fahrtwind hat uns wieder. Wir schwitzen uns über den Iselsberg, schnaufen, prusten, erfrischen uns in Lienz. Dann fahren wir zurück: Wir hatten das Gepäck vergessen.

Am Folgetag stehen wir erneut in Lienz, wenden uns nun aber endgültig gen Westen: Vor uns liegt das Pustertal, eine gewaltige geologische Verwerfung zwischen den dunklen Zentralalpen im Norden und den hellen Dolomiten im Süden. In der Mitte des Tals, unweit der österreichisch-italienischen Grenze, liegt in 1200 Metern Höhe das Toblacher Feld. Von hier aus strömt das Wasser nach Westen über das Flusssystem der Etsch bis zur Adria. Nach Osten fließt es in der Drau durch ganz Kärnten, Slowenien, Ungarn und Kroatien und weiter über die Donau zum Schwarzen Meer. Bis zu dieser Wasserscheide muss man kommen, dann beginnt der Spaß.

Auf einer Länge von einhundert Kilometern führt eine perfekt ausgebaute Piste eintausend Höhenmeter hinab ins Südtiroler Unterland: durch Lärchenwälder und über saftige Almen, vorbei an den drei großen B – Bruneck, Brixen, Bozen –, begleitet von rauschenden Bächen und bimmelnden Kühen. Das Beste aber: Wir haben die Dolomiten immer im Blick!

Vor Äonen sind sie als Korallenriff dem Urmeer Tethys entstiegen und danach, so sagte einst der große Architekt Le Corbusier, zum »schönsten Bauwerk der Welt« verwittert. 2009 hat die UNESCO sie zum Weltnaturerbe erklärt: die Karstwüste der Fanes-Gruppe, in der ich gerade herumkraxle, die schroffen Felstürme der Geisler, das monumentale Kalkhochplateau des Schlern und das millionenfach bestaunte Felswunder der Drei Zinnen, in deren Nordabbrüchen Alpingeschichte geschrieben wurde. Von der Erstbegehung der Großen Zinne im Jahr 1869 über die direkte Durchsteigung ihrer abweisenden Nordwand (1958) bis zu den aufregendsten Sportkletterrouten der vergangenen Jahrzehnte – jede Generation suchte hier ihre Grenzen.

In Jahrmillionen haben Wind und Wasser den porösen Kalkstein der Dolomiten geschliffen, erodiert und modelliert.

Ich suche meine gerade an der Lavarela. Während Jenni und Unai bei Cappuccino und Gelato in Brixen eine Erkältung kurieren, trampe ich zur Faneshütte und freue mich darüber, auch auf einer Radtour die Bergstiefel stets dabeizuhaben! Denn sind wir mal ehrlich: Die Dolomiten ohne eine Wanderung, das wäre wie Strandurlaub ohne Plantschen. Fit bin ich nach zwei Monaten im Sattel sowieso, und so steige ich nun durch eine schuttbedeckte Scharte zur Spitze der Lavarela. Auf 3000 Metern Höhe verschlagen mir die dünne Luft und die zum Niederknien schöne Aussicht abwechselnd den Atem. Keine Frage: Corbu hatte wieder mal recht!

56. Tag | Naturpark Fanes-Sennes-Prags: Stehe atemlos auf dem
3055 Meter hoher Piz Lavarela. Was für ein Aussichtspunkt!

57. Tag | Südtirol, Naturpark Drei Zinnen: Werde in einer Menschentraube um
den Gebirgsstock geschoben. Habe so etwas noch nie erlebt. Erst am späten Nachmittag
verschwinden die Besucher, und als die Sonne untergeht, stehe ich vollkommen allein
auf der Forcella Col di Mezzo und erblicke das Wahrzeichen der Dolomiten.

57. Tag | Naturpark Drei Zinnen: Eine mautpflichtige Straße
endet in Großparkplätzen unterhalb der Auronzohütte.
Gleichgesinnte bestaunen hier am Abend die ungezähmte Bergwelt.

Benannt wurden die Dolomiten nach dem französischen Mineralogen Déodat de Dolomieu, der 1788 zwecks Erforschung der Gebirge nach Südtirol reiste. Prompt fand er beim Wandern versteinerte tropische Korallen, und zwar einige Kilometer über dem Meeresspiegel. Er schloss daraus, dass die Gesteine dieser Berge im Meer entstanden sein mussten. Und das geschah so: Vor 250 Millionen Jahren befand sich hier, an Ort und Stelle der Alpen, ein Urmeer. Korallenriffe wuchsen in ihm, Salze und Fossilien lagerten sich auf seinem Grund ab, und mit der Zeit bildete sich eine mehrere Tausend Meter dicke Schicht aus Sedimenten. Als vor 60 Millionen Jahren die afrikanische gegen die europäische Platte driftete, wurde der Meeresboden gestaucht, die Kalkschichten zerbarsten, Schollen schoben sich übereinander, und die Dolomiten türmten sich auf.

Und so kam es, dass der Inhaber des Lehrstuhls für Mineralogie an der École des Mines in Paris vor 230 Jahren eine Koralle auf der Lavarela fand. Danach stapfte er vermutlich durch Geröllfelder aus Muschelkalk hinab nach Bozen, um sich bei einem guten Glas autochthonen Weines zu beruhigen, was ich ihm hiermit gleichtue, denn die Sonne steht schon tief und der Tag gehört gefeiert. Und damit sind wir endgültig in Südtirol, dem Land der Knödel und des Specks und des ersten vernünftigen Espressos auf dem Weg nach Spanien!

58. Tag | Karersee: Smaragdgrünes Wasser inmitten dunkler Fichtenwälder – ein herrlicher, wenn auch überlaufener Ort.

59. Tag | Südtirol, Kaltern: Wir sind mittendrin im größten Obstgarten Europas!
Links hängen die Äpfel, rechts wächst der Wein, und über dem Talgrund thronen die
für Südtirol so typischen Burgen und Ansitze.

Baukunst und schwerer Wein

Südtirol ist ein Paradies, in dem sich Nord und Süd die Hände reichen, ein Schmelztigel der Kulturen – schon seit Jahrhunderten. Immer und überall pendelt man hier genussvoll zwischen den Welten: Nordische Tannen treffen auf südländischen Wein, alpine Bodenständigkeit auf italienisches Dolce Vita, Kasnocken und Schüttelbrot auf Pizza und Pasta. Und: Es gibt in Südtirol die schönsten Radwege! Auf einem von ihnen verlassen wir gerade Bozen gen Süden. Die Landschaft wird sanfter, das Etschtal weitet sich. Apfelbäume unter Hagelnetzen bestimmen das Bild.

Schon im 19. Jahrhundert waren die hiesigen Früchte in aller Munde und wurden bis an den Zarenhof nach Sankt Petersburg exportiert. Heute liegt hier das größte zusammenhängende Obstanbaugebiet Europas! Jeder zehnte Apfel, den wir Deutschen verspeisen, trägt die offizielle Ursprungsbezeichnung »Südtiroler Apfel g. g. A.«

An den umliegenden Hängen wird von alters her Weinbau betrieben. In Dörfern wie Eppan, Tramin und Kaltern gedeihen einige der besten und bekanntesten Trauben des Landes: Vernatsch, Lagrein und Gewürztraminer heißen die heimischen Sorten, und sie sind köstlich. Überhaupt ist hier alles lecker und sonnig und voller Geschichte, und als wir schon denken, es könne nicht mehr schöner werden, da erhalten wir eine Einladung in das Seehotel Ambach, jenen Ort also, der beides auf das Angenehmste verbindet: den Genuss am Wein und den an der Baukunst.

1973 wurde es von dem Südtiroler Architekten Othmar Barth entworfen und steht noch heute so elegant wie damals als weißes Segel aus expressiv geformtem Beton auf einer Streuobstwiese am Ufer des Kalterer Sees. Selbst im Inneren ist noch alles beim Alten: die Möbel, die Barth eigens für das Seehotel entworfen und lokal hat fertigen lassen, das Farbkonzept, die

Einrichtung der Zimmer – alles blieb im Originalzustand: aufgeräumt, modern, funktional. Dass der Bau bis heute im Sinne seines Gestalters erhalten geblieben ist, verdankt sich einer ebenso unüblichen wie glücklichen Vereinbarung: Danach verwaltet die Bauherrin das materielle Eigentum, der Architekt aber das geistige. Schon bei den Planungen hatte Anna Ambach sich blind auf ihren Baumeister verlassen, und sie hat auch bei späteren Erhaltungsmaßnahmen nichts angetastet, ohne Barth zu konsultieren.

Wer heutzutage nach klarer Architektur und Authentizität sucht und kein Freund folkloristischer Kulissen ist, wird dieses Hotel womöglich für das schönste in ganz Tirol halten.

Klare geometrische Linien,
sanfter Schwung der Fassade –
das Seehotel Ambach ist ein
architektonischer Höhepunkt
der Region.

60. Tag | Kaltern, Seehotel Ambach: In der Planungsphase hat Othmar Barth
die Gegend mehrmals begangen, sie in all ihren Details studiert,
um eine unverwechselbare Hotelarchitektur für diesen Ort zu schaffen.
Es ist ihm geglückt!

Als langzeitreisende junge Eltern haben wir jedoch andere Prioritäten. Wir schmeißen die Rucksäcke auf das Doppelbett, reißen uns die Kleidung vom Leib und kommen gleich zur Sache: Duschen. Wäscheschrubben tut Not. Eine Rasur kann nicht schaden. Dann noch ein Bad im See, und ab geht's ins Restaurant. Es gibt Essen, und was für eins: acht Gänge, Vollgas von Gourmetkoch Albin Widmann, dazu ein Ausflug durch die besten Weine der Region. Alles zusammen: 200 Euro. Wie gesagt, wir waren eingeladen. Doch wir kommen nicht weit: Denn nach dem Horsd'œuvre verlangt Unai nach Reiswaffeln. Schlimmer noch: Er fragt, erst wohlwollend, dann bestimmt, ob wir auch eine haben wollen.

»Nein, nein. Lass mal gut sein, Sohn.«

Die Suppe kommt, und sie riecht köstlich. Ein Cremesüppchen von jungen Biokarotten.

»Doch Papa, beiß ab!«

»Ich hab gar keinen rechten Appetit.«

Das ist natürlich gelogen, denn augenblicklich erscheint ein Wolfsbarsch-Carpaccio, und in meinem Mundwinkel bildet sich ein bisschen Speichel. Ich möchte es gerne verhindern, aber es gelingt mir nicht.

»Papa, du *doch* Hunger!«

»Nein Sohn, wirklich nicht«, höre ich mich sagen, als ich das viel gerühmte Gulasch vom Südtiroler Milchkalb zurückgehen lasse: »Nun gib mir schon eine Reiswaffel.«

Ich nehme dann noch ein Fichtensprosseneis, und wir setzen uns an das Ufer des Kalterer Sees. Die Waffel brechen wir in Stücke und tunken sie in die Nachspeise, während der Schilfgürtel raschelt und die Frösche quaken. Ein kleines blaues Ruderboot schaukelt lustig in der Abendsonne.

60. Tag | Seehotel Ambach: Kommen gerade aus dem Kalterer See.
Fühlen uns blitzblank. Duften. Haben sogar die T-Shirts einmal durch das
Waschbecken gezogen. Sind bereit für das Sternedinner!

61. Tag | Südtirol, Lago di Caldaro: Wer hätte das gedacht:
Der Kalterer See ist nicht nur bildschön. Er gilt – entgegen seinem Namen – auch
als der wärmste See der Alpen. Im Sommer bringt er es auf 28 Grad.

61. Tag | Kaltern, Seehotel Ambach: Wie ein Schiff im Hafen liegt der Baukörper am Ufer des Kalterer Sees im Schilf. Seine weißen Terrassen, die raumhohen Glasfenster, Loggien und Balkone – alles öffnet sich zum Wasser hin.

(I)

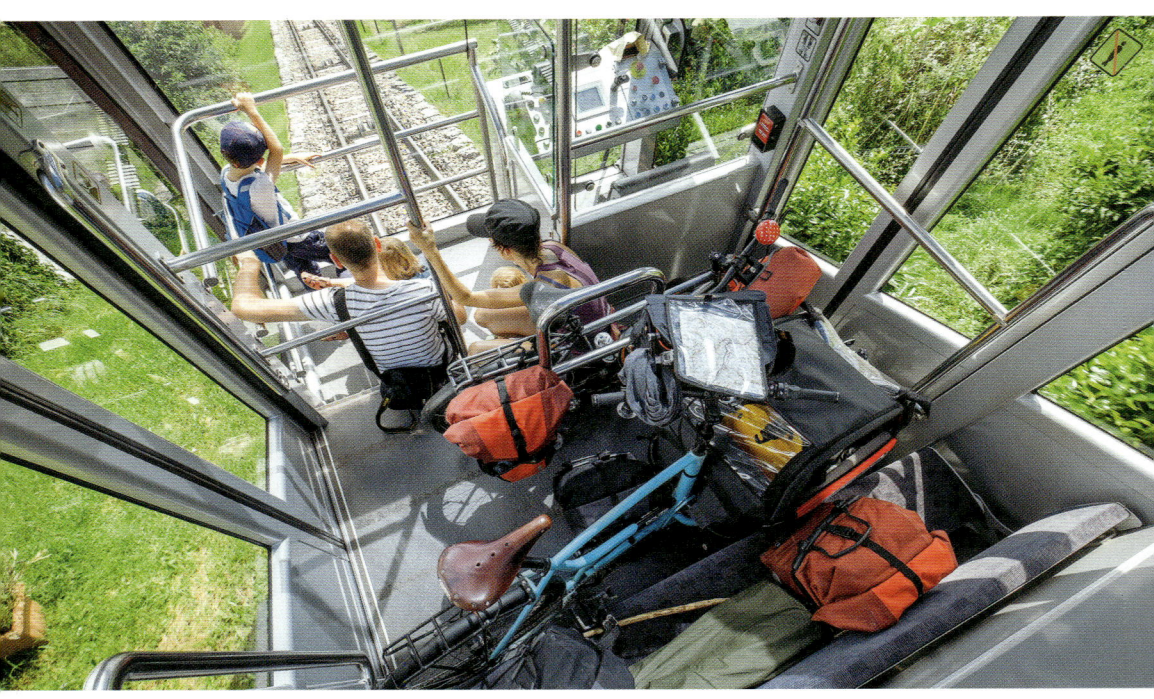

62. Tag | Kaltern: Vor 115 Jahren brachte die Mendelbahn erstmals
europäischen Adel auf den 1364 Meter hohen Mendelpass.
Der Fahrradtransport ist seit damals grundsätzlich möglich. Für kleine Hunde
kostet die Fahrt nichts, für große Hunde muss der volle Personenpreis
gezahlt werden. Nager und Reptilien auf Anfrage.

62. Tag | Trentino, Fondo:
Kaum über den Mendelpass,
ändert sich die Architektur.
Der Putz bröckelt von den
Wänden, die Fenster sind oft
vergittert. Zumindest
schmeckt der Kaffee.

Wir schauen auf alte Weiden, auf Apfelbäume, auf ein schier endloses Meer aus Reben und auf den Mendelkamm, der sich dahinter erhebt. Er fängt im Westen den Wind und die Wolken und beschert der Region ihren südländischen Charakter. Gleichsam markiert er den geografischen Übergang in das *echte* Italien.

Hinauf führt eine 26 Kilometer lange Serpentine mit 15 Kehren, bei deren Anblick mir jetzt schon übel wird. Erfreulicherweise habe ich wenig im Bauch. Noch erfreulicher ist: Man kommt auch anders auf den Pass.

Als die Mendelbahn am 19. Oktober 1903 in Betrieb genommen wurde, galt sie als ein technisches Wunder: die erste elektrisch betriebene Seilbahn Österreichs, die steilste Standseilbahn auf dem europäischen Festland. Zunächst brachte sie gut betuchte Kurgäste vom Ortsteil St. Anton in die exklusiven Grandhotels des Mendelpasses. Doch bald kamen die Menschen aus der ganzen Welt. Niemand wollte es sich nehmen lassen, mit dieser Unglaublichkeit zu fahren: nicht Kaiserin Sissi und nicht Mahatma Gandhi. Schon gar nicht Karl May, der mehrmals und in Begleitung wechselnder Damen anreiste. Auch drei Päpste waren schon da. Und jetzt wir. Doch Freude mag sich nicht einstellen. Zu schön war die Zeit, zu schmackhaft das Essen, zu warmherzig sind hier die Menschen. Südtirol ist uns ans Herz gewachsen!

Mit leiser Wehmut verlassen wir Kaltern und bald auch den deutschen Sprachraum. Wir zwängen uns in die Mendelbahn hinein, überwinden die 854 Höhenmeter – unglaublich! – in 12 Minuten und stehen in Italien. Vor uns liegt ein Leben ohne Knödel: möglich, aber sinnlos.

Unai kann es kaum fassen: Wir fahren durch Tunnel und über Brücken, und im oberen, sehr steilen Streckenabschnitt beträgt das Gefälle satte 64 Prozent!

Das Wunder der Plastikmadonna

66. Tag | Lago di Como, Varenna: Kaum eine Region hat die Sehnsucht nach dem warmen Süden so geweckt wie die der oberitalienischen Seen.

Resigniert folgen wir den Trentiner Alpen nach Westen. Wechseln Windeln, trinken Kaffee, probieren Apfelsorten, die nicht punkten.

Bei der Auffahrt zum Passo del Tonale erbarmt sich unser ein Busfahrer. Er schert aus, fährt einen Moment neben uns her, wird dann langsamer und kommt schließlich direkt neben unseren Rädern zum Stehen. Der Bus blockiert fast die gesamte Straße.

Durch die runtergekurbelte Scheibe: »Die Steigung. Mamma mia! Zum Glück seid ihr in Italien.« Er zeigt auf eine kleine Plastikmadonna neben dem Lenkrad und bekreuzigt sich: »Hier wird jedem geholfen!«

67. Tag: Wir queren den Lago di Como. Mit 410 Metern ist er der tiefste See Europas, an seinem Westufer erschossen kommunistische Partisanen am Ende des Zweiten Weltkriegs Benito Mussolini.

Klappt dann aber nicht. Der Laderaum ist zu klein. Wir versuchen es eine Weile, doch das Lastenfahrrad passt partout nicht rein. Er schaut zum Himmel. Bekreuzigt sich erneut. Telefoniert. Ein zweiter Bus kommt, größer, Linie 12. Unser Fahrer wird aktiv: Er drückt mir sein Busnummernschild in die Hand, steigt in den zweiten Bus, entfernt die »12« von dessen Windschutzscheibe, kommt zurück und fixiert sie an seinem Führerhaus. Dann wendet er seinen Bus und begibt sich auf den Weg nach Trento.

Die echte Nummer 12 aber, ausgelegt für Fahrten in die Hauptstadt, große Menschenmassen und – Obacht – deren Gepäck, rollt nun zu uns herüber. Fahrer und Beifahrer steigen aus: »Mamma mia! Zum Glück seid ihr in Italien.«

Ich halte ihnen das Schild hin. Sie kleben die »7« an die Bustür und bringen uns bergauf nach Vermiglio, einem kleinen Dorf 600 Höhenmeter unterhalb des Passes.

»*Che dio vi bendica!*«, ist das Letzte, was wir hören, dann säuselt nur noch der Wind.

Der Pass selbst ist keine Augenweide, und die einzige Sehenswürdigkeit – der gewaltige Monte Adamello (3554 m) – steckt in den Wolken. Wir fahren *subito* auf der anderen Seite wieder runter.

62. Tag | Trentino, Passo del Tonale: Blick in den großen Laderaum der echten Nummer 12.

Drei Tage später stehen wir am Lago di Como, dem ersten See einer ganzen Folge eiszeitlicher Becken, die aus den Alpen kommend wie skandinavische Fjorde ins Flachland schneiden. Nur ohne Gletscher. Dafür mit Magnolien. Aber das Bild stimmt, denn es regnet in Strömen. Nein, das ist untertrieben. In den letzten 20 Jahren habe ich keinen so starken Regenguss erlebt wie jenen in Colico. Nicht in Patagonien und nicht in Schottland. Das Unwetter tobt die ganze Nacht, und als sich die Wolken endlich verziehen, liegt die

Festplatte samt Fotos wie ein gesunkenes Schiff mit wertvoller Fracht auf dem Grund des Vorzelts. Das Tagebuch treibt durchweicht an mir vorüber. Und meine Fotoausrüstung muss ich in einem abgewirtschafteten Friseursalon zwischen parlierenden Damen mit toupierten Haaren vier Stunden lang föhnen.

Danach bekommt Unai hohes Fieber. Da das Zelt nass ist und die Hotels nicht zu bezahlen sind, schlafen wir zwei Nächte im Wartesaal einer Bahnstation. Wir hangeln uns so von Varenna über Menaggio nach Cernobbio, weiter zum verwinkelten Luganer See, und rollen schließlich um den Lago Maggiore, den zweitgrößten See Italiens. Als alles überstanden scheint, übergibt sich Jenni in den Ortasee. Wie soll ich es ausdrücken? Wir werden mit Italien nicht warm.

Dabei ist es ein bemerkenswertes Fleckchen Erde: Nahezu überall sind die mittelalterlichen Stadtkerne unversehrt erhalten. Kirchen und Klöster rahmen die Plätze, prächtige Belle-Époque-Villen und opulente Paläste aus Barock und Klassizismus säumen vielerorts die Ufer. Seit der Antike sind die oberitalienischen Seen ein Refugium der Schönen und Reichen und Klugen Europas. Kardinäle und gekrönte Häupter machten den Anfang, es folgten Großindustrielle und Politiker. Heute residieren Geldadel, Sportgrößen und Hollywoodstars in den videoüberwachten Prachtbauten.

In ihrem Schlepptau kommen jährlich Millionen Touristen und tanken in überfüllten Cafés Sonne und Espresso. Die sehr Reichen unter ihnen logieren in prunkvollen Schlosshotels, die weniger Reichen können zu horrenden Preisen zelten. Und bist du arm, dann hast du hier eigentlich nichts verloren.

Es ist leider wahr: Die Italiener sind freundlich und spendabel, aber nicht in Gegenden, in denen der Tourismus blüht, die Geldbeutel dicker und die Herzen der Menschen kälter geworden sind.

Mit den Worten Wolf Schneiders: Wenn es irgendwo schön ist, kommen die Touristen. Und dann ist es nicht mehr schön.

67. Tag | Lago di Como, Cernobbio:
Der riesige Palast der Villa d'Este,
einst Sommerresidenz des Kardinals
von Como, zählt heute zu den
besten und angesehensten Luxushotels der Welt.

Villa d'Este: Wer keine Millionen zur Verfügung hat,
um sich selbst eine Prachtvilla zuzulegen, kann in der Villa d'Este
für 4000 Euro die Nacht wohnen.

66. Tag | Comer See, Varenna: Bunt gestrichene Häuser, traumhaft gelegene Cafés, großartiger Seeblick und das alles mit viel Flair – dieser kleine Urlaubsort wird zu Recht »La Perla del Lago di Como« genannt.

I

68. Tag | Lugano: Der überwiegende Teil des Lago di Lugano liegt im Schweizer Kanton Tessin. Den besten Blick auf den verwinkelten Alpensee haben wir am Abend vom 925 Meter hohen Monte Brè.

75. Tag | Fiemont, Chivasso: Endlich wieder authentisches Italien: lässige Kleidung, weniger Touristen, mehr Espresso. Und auch die Reise verändert sich …

Das Leben wohnt am Straßenrand

Kaum aber hatten wir die Seen der Lombardei verlassen, da legte Italien seinen touristischen Hochglanzcharakter ab. Die Städte wurden kleiner, das Essen schlichter, den Espresso nahm man im Vorübergehen. Wir fuhren durch die endlosen Reisfelder der Po-Ebene, über denen Heilige Ibisse ihre Runden drehten, und plötzlich zerrten uns wildfremde Menschen – von der Straße weg – zum Übernachten in ihre Schlafzimmer.

In Vercelli, zum Beispiel, wo Unai so lange auf die Gebäckstange eines neben ihm sitzenden Kindes starrte, bis er sie schließlich nicht nur bekam. Wir fanden uns auch bald in der – mit abwaschbarer Tapete verkleideten – Küche einer Großfamilie wieder. Natürlich gab es Pasta, und im Anschluss fuhren wir alle für einen Digestif auf die Piazza – zu acht im Fiat Panda! Der Höhepunkt war die Nacht, denn die Gastgeber teilten mit uns ihr kärgliches Schlafzimmer. Im Klartext: vier Erwachsene, drei Babys und ein Ventilator – verteilt auf zwei Betten.

Dank einer überraschenden Einwechslung können wir die Partie noch kippen! Unais glänzend herausgespielter Sieg beschert uns ein Lager für die Nacht.

Schön war auch die Badeanstalt, in der man uns umstandslos einschloss. Bevor der Wachmann die Anlage verriegelte, kaufte ich noch einen Weißwein und zwei Plastikbecher. Dann gingen wir schwimmen und kamen bis zum Morgengrauen nicht mehr aus dem Wasser.

Oder der Tag, an dem Unai entschied, von nun an zu pilgern. Er griff sich den kleinen Stock, den Peter für ihn geschnitzt hatte, und lief barfuß auf dem Radweg neben uns her. War es ein Zufall, dass wir uns gerade in Santhià aufhielten, einer Station der berühmten Via Francigena? Seit mehr als tausend Jahren wandeln die Menschen auf

72. Tag | Piemont, Rovasenda:
Wir fühlen uns wie in Nepal:
Reisfelder, Ibisse und am Horizont
die fernen Gipfel des Himalaya.

72. Tag | Vercelli: Die eigenen vier Wände sind den Italienern heilig. Wird man dennoch
zum Essen eingeladen, kann man sicher sein, dass dies ein Zeichen äußerster Wert-
schätzung ist und dass die Gastgeber tagelang überlegt haben, was in welcher Reihen-
folge auf den Tisch kommt … Dazu hatten sie in unserem Fall keine Zeit.

diesem ältesten christlichen Pilgerweg Europas von Canterbury nach Rom.
Und als man Unai sah, bat man uns prompt, der Stadt die Ehre einer Übernachtung zu erweisen. Er sei der jüngste Pilger, den das Pfarrheim je gesehen habe: *venti mesi*.

Anderntags triumphierte Unai beim Tischfußball. Seine Technik: im
Ganzen durch den Kicker laufen. Sein Gegner: der Hausmeister einer
Schule. Der erste Preis: ein Schlafplatz in der Turnhalle des Dorfes.

Unvergesslich auch die Nacht in einer Gärtnerei, in der wir nach Laden-schluss um einen Platz im Gewächshaus baten. Wir entdeckten zunächst die wohlschmeckenden Tomaten, dann die Apfelbäume, Kirschen, Himbee-ren – und schließlich einen Wasserschlauch. Was soll ich sagen: Es folgte eine der besten Duschen der Reise! Wir zogen uns alle splitterfasernackt aus und sprangen tropfnass durch die Hecken. Erst ganz am Schluss bemerkten wir die vielen Überwachungskameras.

74. Tag | Saluggia: Unai im Glück. Und wir finden im ausgelassenen Geschrei die Zeit, Bücher zu lesen, die wir seit drei Monaten mit uns rumschleppen.

Besser waren nur noch die Nonnen! Wir trafen sie in 1854 Metern Höhe auf dem Col de Mont-genèvre – also mal wieder hoch in den Alpen, schon recht nah am Himmel –, und es verging nicht viel Zeit, da lagen Jenni, Unai und ich samt Fahrrädern im weiß geschlämmten Kreuzgang des Klosters.

Warum sie uns eingeladen hatten, konnten wir uns nicht erklären – keiner von uns hatte darum gebeten. Erst viel später am Schreibtisch, beim Sichten der Fotos, sollte ich verstehen: Unai hatte die Oberin am Strumpf gezupft – eine Geste, die von solcher Anmut war, dass sie die Ordens-schwester zweifellos an jenen Moment in Michelangelos Genesis erinnerte, als Gottvater mit ausgestrecktem Finger Adam zum Leben erweckte. Wir waren, ohne es zu wissen, Zeugen einer göttlichen Berührung geworden!

Für mich sind solche Begebenheiten das Schönste am Unterwegssein. Jede Reise hat so einen Punkt, an dem du den Anfang nicht mehr siehst und das Ende noch nicht kennst. Es ist der Moment, in dem du die Reiseführer bei-seitelegst – denn die Geschichte schreibt sich fortan von selbst.

Henry Miller sagte einmal: »Leben ist das,
was uns zustößt, während wir uns
etwas ganz anderes vorgenommen haben.«
Der Mann hatte recht!

76. Tag | Frankreich: Wir verlassen das italienische Susatal
über den Col de Montgenèvre (1854 m). Stärker als die Aufregung
ist nur der Fahrtwind in unseren Haaren.

77. Tag | Hautes-Alpes, La Roche-de-Rame: Haben unsere Zeit im Sattel
inzwischen auf bis zu sechs Stunden pro Tag aufgeblasen. Vor allem wenn Unai schläft,
machen w r Strecke. Stoppen nur zum Baden.

79. Tag | Alpes-de-Haute-Provence, Sisteron: Für alle, die von Norden kommen,
ist Sisteron das »Tor zur Provence«: die Zitadelle auf der einen Seite, der Rocher de la
Baume auf der anderen – dazwischen die tiefe Schlucht der Durance.

Dumas und seine Melonen

Frankreich wurde der Höhepunkt unserer Reise. Ich weiß nur nicht, warum. An den Franzosen kann es ja nicht gelegen haben. Vielleicht daran, dass wir mit dem Fahrrad unterwegs waren. Es gibt dem Reisen die nötige Langsamkeit, um Land und Leuten jenseits von Klischees zu begegnen.

Nach unserem dritten großen Alpenpass erreichen wir Mitte August Sisteron – seit 2000 Jahren das »Tor zur Provence«. Auf schroffen Felsen liegt hier eine mächtige Zitadelle hoch über dem Tal der Durance, an deren Ufer schon die römische Via Domitia entlangführte.

Im Jahre 120 vor Christus plante Prokonsul Gnaeus Domitius Ahenobarbus ein für die damalige Zeit unerhörtes Vorhaben: die Verbindung des Imperium Romanum mit der Iberischen Halbinsel durch eine befestigte Straße von fast 600 Kilometern Länge – die Via Domitia!

Sie überwand zunächst wie wir die Alpen am Col de Montgenèvre, folgte dann dem Flussbett der Durance in südlicher Richtung, überquerte die Rhône bei Beaucaire und verlief an der Küste des Mittelmeeres entlang bis zu den Pyrenäen. Mit ihr wurde die schnelle Verschiebung von Legionären und Handelsgütern durch Gallien erstmals möglich, und spätestens mit ihrem Ausbau bis zum heutigen Cádiz an der spanischen Mittelmeerküste wuchs die Via Domitia zur wichtigsten Landverbindung Europas. Triumphbögen schmückten die Ortseingänge, Arenen säumten ihren Verlauf.

Sisteron und seine Zitadelle waren dabei von herausragender strategischer Bedeutung, bewachten sie doch jene Schlucht, durch die jeder musste, der nach Süden wollte. Und das wollten viele – und damit ist nun der Bogen geschlagen –, denn dahinter liegt der Luberon, dessen Landschaft zum Schönsten zählt, was die Provence zu bieten hat.

Wir besuchen die 1000 Jahre alte Zitadelle von Sisteron. Mehrmals belagert, erhielt sie im 16. Jahrhundert durch den Festungsbaumeister Jean Errard de Bar-le-Duc ihre heutige Form.

79. Tag | Sisteron: Die Altstadt mit ihren steilen Gassen und Treppen war unter dem Namen Segustero schon in der Römerzeit eine wichtige Station auf der Via Domitia.

Was machen wir hier? Eigentlich eine Trinkflasche füllen. Wird aber nichts: Alle sind nass, nur die Flasche ist leer.

Paul Cézanne brachte es auf den Punkt: »Wer hier geboren wurde«, seufzte er, »ist verloren. Nichts anderes gefällt einem mehr.«

Und damit schmeißen wir die Reiseführer weg und lassen uns treiben, und das passt gut zu diesem Landstrich, der kleinteilig und parzelliert ist, dessen Häuser sich vor der Wucht des Mistrals ducken und dessen Landstraßen schmal und kurvenreich durch alte Korkeichenwälder führen. Und je öfter wir den Weg verlieren, desto mehr tauchen wir ein in den großen Ozean des Unterwegsseins, in dem jede Welle eine Überraschung birgt.

Gradlinig unterwegs, kann man den Luberon an einem Tag durchqueren – wir brauchen zwei Wochen. Und was dann passiert, das nennen einige »Fügung« und andere »Zufall«, doch was beide Begriffe eint, ist ein Vertrauen in den Weg und das Annehmen dessen, was er an Erlebnissen und Begegnungen bereithalten mag.

Anders ausgedrückt: Wir leben in einer Gesellschaft, in der erfolgreich ist, wer schnell von A nach B kommt. Von der Wohnung zur Arbeit, vom Studium zum Traumjob, vom Mietverhältnis zum Eigenheim – was zählt, sind Zielstrebigkeit und Effizienz bei der Umsetzung. Doch die Sache hat einen Haken: Man kann nur das zum Ziel erklären, was man kennt, und findet folglich am Ende des Weges immer nur Bekanntes vor. Ein Leben lang das gleiche Hamsterrad.

Im Urlaub ist es nicht anders: Wer von einer Sehenswürdigkeit zur nächsten eilt oder – noch schlimmer – nur am Pool liegt, der lässt die Reise nicht zu. Der vergibt die Chance, sich zu verändern.

Ausgebuffte Langzeitreisende machen deshalb das Gegenteil: Sie betreiben Anti-Planung. Sie lesen keine Reiseführer, beschränken ihre Ausrüstung auf ein Minimum und folgen den Empfehlungen der Einheimischen, dem Bauch oder dem Wind. Und manchmal lassen sie einfach nur das Kind entscheiden und hoffen auf Abwege, Irrwege und Umwege, denn dort passieren die Dinge, die bewegen und das Selbst erschüttern.

Die folgende Geschichte ist so eine, und lassen wir sie doch an einem Sonntag in Coustellet beginnen, einem kleinen Örtchen östlich von Avignon.

Es ist Markttag, es riecht nach Kräutern, und der von Platanen gefasste Platz quillt über vor Lebensmitteln, die wir noch nie gesehen haben. Unter einem der Bäume steht ein märchenhaftes Zelt, aus dem es schon von Weitem duftet. Aus großen Holzfässern schöpft sein Inhaber mit einer Kelle marinierte grüne und schwarze Oliven in kleine Schälchen und stellt sie vor sich ab. Das fällt ihm nicht leicht, denn eigentlich ist er bereits umzingelt von Tellern, Näpfen und Tajinen, die alle mit exotischen Gewürzen gefüllt sind, und über seinem Kopf baumeln Knoblauchzöpfe an roten Samtschärpen. Gleich nebenan ist die Auslage des Käsehändlers. Molkereiprodukte und Salamis türmen sich hier zu bunten Bergen auf. Doch scheinbar nicht hoch genug, denn niemand interessiert sich dafür. Die Käsefreunde stehen ein paar Meter weiter an einer Theke, die abzuschreiten ich eine geschlagene Minute benötige. Wenn ich schnell gehe!

Keine Frage: Hier dreht sich alles ums Essen. Allein die Tomaten sind ein Fest für die Sinne und die Melonen aus dem nahen Cavaillon die besten der Welt. Das behauptete schon der Autor der »Drei Musketiere«. 1864 klopfte ein Angestellter der dortigen Bibliothek an Alexandre Dumas' Tür und bat ihn zur Bereicherung des Bestandes um seine gesammelten Werke. Dumas antwortete, dass er damit einverstanden sei, falls man ihm eine lebenslange Rente von zwölf Melonen pro Jahr zusichere, die Fracht übernehme er. Der Handel kam zustande, und Dumas genoss Melonen bis ans Lebensende. Die Stadt blieb dem Schriftsteller übrigens treu und schickt noch heute jedes Jahr zwölf Cavaillon-Melonen an die Dumas-Stiftung nach Paris.

82. Tag | Vaucluse, Coustellet: Eine Reise in die Provence ist immer auch
ein kulinarisches Erlebnis! Wir gehen von Stand zu Stand, schnuppern,
probieren. Sind damit nicht die Einzigen. Auf diesem Markt kauft nicht nur
der Provenzale für den Hausgebrauch ein, sondern auch der
qualitätsbewusste Restaurantbesitzer.

140

In all dem Trubel nehmen sich die Provenzalen Zeit: für Neuigkeiten und Geschichten, Café, Pastis und um das Angebot genau zu prüfen.

»Wo gibt's denn guten Käse?«, frage ich.

»Nur bei Monsieur Oscar!«, flüstert mir eine Dame ins Ohr. Und dann lebhafter, aber immer noch so nah, dass ich ihren warmen Atem spüre: »Finden Sie nicht auch, dass das Leben zu kurz ist, um mit laschen Milchprodukten seine Zeit zu vertun?«

Finde ich auch und gehe zu Monsieur Oscar. Der Andrang ist gewaltig, und während wir warten, ergibt sich ein Fachgespräch über lasche Käsesorten mit Magalie und Dominique, die vor uns in der Schlange stehen. Sie fänden es *formidable,* sagen sie, als wir endlich vom Rohmilchkäse wegkommen, dass wir mit dem Lastenfahrrad durch Europa reisen. Würden sie auch, wenn es nicht jeden Tag was zu tun gäbe.

Könne man eigentlich, fragt Dominique, so rein gewichtstechnisch, die Ehefrau einladen?

Ich ermutige ihn, es auszuprobieren, und hoffe, dass sie die 180-Kilo-Marke nicht überschreiten.

Das Resultat sieht dann auch ganz witzig aus: Dominique bearbeitet die Pedale, Magalie johlt in der Sitzschale. Ihre Beine ragen vorn wie die Puffer einer Lokomotive aus dem Cockpit, was sich augenblicklich als nützlich erweist, denn sie rasen gerade in die Sellerieauslage rein. Da es am Fahrrad keine Klingel gibt, rufen beide: »*Faites de la place!*« Aus dem Weg! Die Spaziergänger spritzen zur Seite, dann verschwindet das Rad in der Menge.

Monsieur Oscar nagt unbeeindruckt an einem Reblochon, während es in der Ferne scheppert. Ob er einen Käse mit guter Reife habe, frage ich, nichts Lasches, er verstehe schon … Aber ich verpasse die Antwort, denn die Radler kommen gerade mit etwas Sellerie im Schoß zurück.

Sie strahlen bis über beide Ohren: »Dürfen wir euch drei in unser Hotel einladen?«, fragt Magalie, und ihre Augen sind voller Dankbarkeit und Neugier. Darf sie.

Wir fahren gemeinsam nach Gordes, diesem Steingewirr aus Kirchen, Burgen und Terrassen am Rande des Vaucluseplateaus, halten aber in ausreichender Entfernung von Nobelunterkünften und Touristenbussen unterhalb der Stadt. Das Hotel, die Auberge de Carcarille, ist ein alter restaurierter Gutshof mit elf Zimmern, den Magalie und Dominique bereits in dritter Generation führen. Es gibt einen riesigen Pool und einen noch größeren Gemüsegarten, in dem Christophe Rambaud, der Chef des Restaurants, mehrmals täglich mit einem Bastkörbchen in der Hand zwischen Hecken und Stauden verschwindet.

83. Tag | Oppède Le Vieux: Der Ort war schon lange verlassen, als sich im Zweiten Weltkrieg die Frau des Schriftstellers Antoine de Saint-Exupéry hier einrichtete.

83. Tag | Gordes, Auberge de Carcarille: Die Quintessenz des französischen *Savoir-vivre:*
Eleganz, Rotwein, gutes Essen – und 3000 Sonnenstunden pro Jahr.

Was soll ich sagen: Ich liebe diese Bandbreite. Den einen Tag schindest du dich im Schnee, und am nächsten knabberst du an der Partykirsche deines Cocktails, während du im Schwimmbecken eines Luxushotels auf der Luftmatratze deine Bahnen ziehst. Alles geschehen lassen, alles annehmen – und im Kopf zerbrechen starre Strukturen.

Zum Abendbrot gibt es Oktopusstückchen mit Wildschwein-Emulsion, Kimchi und Heidelbeeren – an die anderen Gänge kann ich mich nicht mehr erinnern. Das Schwerste beim Kauen sind die Gewissensbisse, denn unser Image – als Abenteurer, Raubeine und Genussverächter – nimmt gerade eklatant Schaden. In diesem Moment tritt Dominique, ganz Hotelier, mit der Käseplatte in der Hand an den Tisch und gibt zu bedenken, dass man die Seele eines Landes wohl am besten anhand seiner Küche ergründe. Und ob es da nicht mehr als ein pures Vergnügen sei, fährt er fort, sich der Erkundung von Speisen und Getränken zu widmen? Vielmehr eine Verpflichtung! Alle Umsitzenden, mehrheitlich Franzosen, nicken kauend. Außerdem habe er am Nachmittag telefoniert, und hier sei eine Liste aller Hotels zwischen Avignon und Carcassonne, die uns mit einem weichen Bett und ausgelöstem Hummer an Melone, Ravioli, Basilikumöl und Krustentiercrème helfen wollen.

Wir essen dann noch alles gründlich auf, auch die Brösel, die am Ende im handgeflochtenen Brotkorb liegen, und lecken die Teller ab. Das ist eigentlich nicht vorgesehen in einem Restaurant mit einer Gault-Millau-Haube. Aber es nimmt uns keiner übel. Sie sehen meinen 90-Tage-Bart, Jennis zerschrammte Schenkel und den Dreck unter Unais ungeschnittenen Fingernägeln, und sie wissen, dass wir Deutsche sind.

84. Tag | Lagnes, Mas des Grès: Wieder mal werden wir eingeladen! Herrlich, wie sich am Pool die Eindrücke einer beschwerlichen Reise ordnen.

85. Tag | Irgendwo im Luberon: Wir rollen durch Eichenwälder und Lavendelfelder und entscheiden an jeder Kreuzung aufs Neue, wo es hingeht. Können nicht genug bekommen. 1997 wurde diese Landschaft von der UNESCO zum Biosphärenreservat der Menschheit erklärt.

Thierrys Ockerbruch: Die Dinge passieren nicht, wenn man der Route folgt, sondern auf den Abwegen, dort, wo man der inneren Stimme lauscht.

Der Eremit und seine Märchenwelt

Als wir uns das zweite Mal verfahren, landen wir auf einer waldbestandenen Anhöhe. Es duftet nach Zedernholz und Küchenkräutern in immer neuen Kombinationen: Thymian und Harz, Salbei, Fenchel, Rosmarin und Estragon. Kein Waldspaziergang ohne Speichelfluss. Vor einem rot schimmernden Abbruch endet jäh der Pfad.

Am Horizont, gleichsam den gesamten Norden der Provence bestimmend, erhebt sich das mächtige Kalksteinmassiv des Mont Ventoux. Wie ein Gigant wacht der kahle Berg über sein Reich: die Hügel und Klüfte des Luberon, die vielen kleinen Dörfer inmitten sanft gewellter Weinfelder, die vereinzelten Gehöfte zwischen Farnkraut, Eichen und Kastanienbäumen, und immer wieder ragen rot glühende Klippen aus dem satten Grün der Pinien und Aleppokiefern.

Diese roten Felsen waren es auch, die den Landstrich reich und berühmt gemacht haben – und wir reden hier nicht von buntem Sand! Sondern von einem ganzen Gebirge aus Pigmenten, so selten, so edel und wertvoll, dass schon die Römer sie abbauten.

Das Verfahren zur Gewinnung des Ockers ist seit Jahrtausenden unverändert: Das Gestein wird abgestochen, mit Wasser versetzt und als rote Brühe über Kanäle in verschiedene Becken geleitet. Nachdem sich der Sand abgesetzt hat, füllt man mit dem verbleibenden Konzentrat Schicht für Schicht tiefer liegende Bassins. Der aufgestaute

Rote Klippen erheben sich aus der provenzalischen Landschaft: Bei Roussillon und Rustrel liegen die größten Ockervorkommen Europas.

Ockerschlamm wird schließlich in Blöcke zerteilt und in der Sonne getrocknet. Diese Rohziegel werden nun noch bei Bedarf im Ofen gebrannt und dann in einem letzten Arbeitsschritt zu feinem Pulver zermahlen – die fertigen Farbpigmente.

Mit dem Niedergang des Römischen Reiches verfiel allerdings auch die Ockerindustrie. Die provenzalischen Minen gerieten in Vergessenheit, Bäume und Sträucher verschlangen ganze Bergwerke. Erst Ende des 18. Jahrhunderts begann man erneut mit dem Abbau des Ockers, und weitere hundert Jahre später kam es zu einem wahren Boom: 40 000 Tonnen des Gesteins wurden jährlich gewonnen, die Pigmente in Fässer gefüllt, über die Via Domitia nach Marseille transportiert und von dort aus in alle Erdteile verschifft.

Und Roussillon, dieses kleine provenzalische Bilderbuchdorf, das passenderweise selbst auf einem farbigen Felsen liegt, wurde zur Welthauptstadt des Ockers. Geht man heute durch seine engen Gassen, fallen gleich die bunt verschachtelten Häuser ins Auge. Ihre in warmen Tönen gekalkten Fassaden – und die davor geparkten Autos – spiegeln die gesamte Palette der hiesigen Ockerbrüche.

86. Tag | Ocres de la Bruyère: Stoßen auf versteckte Ockerklippen. Mensch und Erosion haben hier eine bizarre Landschaft aus Felsnadeln und Erdpyramiden geschaffen.

Auf einer Fotopirsch verlieren wir den Weg erneut und stoßen zwischen verwitterten Abstichflächen und alten Kiefern auf einen Einsiedler. Wie das so ist: Marx gelesen, Konsum verweigert, in einer Höhle gelandet. Seine Höhle ist in diesem Fall ein Ockerbruch.

Ein paar Hundert Jahre lang wurde der Fels durchbohrt, bis er schließlich unter seiner eigenen Last zusammenbrach. Gänge, die tief im Inneren des Berges lagen, wurden zugänglich, und an einer dieser Abbruchkanten

Weil er unschädlich ist,
verwendete man den Ocker
nicht nur als Wandputz oder
Malfarbe, sondern auch
zum Backen, für Lippenrot
und Schokolade.

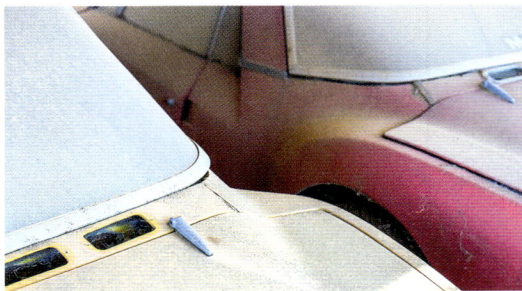

87. Tag | Roussillon: Ein heißer Kandidat
für die Wahl zum schönsten Dorf der Provence.
Nicht nur die Landschaft schwelgt
in Ockerfarben, auch die Häuser haben die
Farbpalette der Natur aufgegriffen.

Die feinen Pigmente bedecken Autos, Bäume
und die Tischdecken im Restaurant.

89. Tag | Thierrys Höhle: Wohnen einige Tage in einem alten, stillgelegten
Ockerbruch. Mit unserem Gastgeber graben wir nach Pigmenten,
lesen französische Romanciers und sprechen über das Leben im Staub.

Offiziell unterscheidet man 25 Ockertöne, was aber durch das Spiel von Licht und Schatten gesteigert wird.

steht nun Thierry, nackt bis auf einen Lendenschurz, barfuß und erdfarben. Er hält auch eine Art Speer in der Hand, rammt ihn aber vor sich in den Boden und fragt in einem Ton, der mich an Historienfilme erinnert – die Einstellung, in der die Abgesandten der Belagerer vor dem Tor stehen und der Burgherr genervt an die Wehrmauer tritt –, was unser Begehr sei.

»Wir suchen ein Lager für die Nacht«, rufe ich ihm entgegen, und wir schlügen uns, im Übrigen, wie er durchs Leben. Das ist natürlich ein bisschen übertrieben, aber warum nicht das Verbindende unterstreichen? Er zieht uns zu sich hinauf.

Thierry zeigt uns die Welt des Ockers: Je nach dem Grad der Oxidation reicht das Farbspektrum von schrillem Safran, feurigem Karmesin und Zinnober bis hin zu sattem Weinrot und reinstem Violett. Er kennt alle Wege in und um seine Mine und läuft mir über Stock und Stein auf bloßen Füßen davon.

Er liest die Spuren der Tiere, spricht mit den Vögeln und kennt jede Pflanze beim Namen. Er führt mich zu Felsnadeln und natürlichen Bögen, die in Jahrtausenden durch Wind und Wetter aus dem Sandstein gewaschen wurden.

Vom Betreten des einen Stollens rät er mir ab: »Zu erodiert, da kommen wir nie wieder raus.« Andere empfiehlt er mir: »Ein Traum für jeden Fotografen!« Man könne dort beten, dösen, meditieren oder, alles in einem Aufwasch, kiffen. Und er weiß – und zwar auf die Minute! –, wo und zu welcher Zeit die Sonne seinen Fels zum Glühen bringt.

Das Survival Kit unseres Gastgebers für lange Tage unter der Erde: ein Block Papier, Buntstifte, Taschenmesser, Émile Zola.

Zuletzt warnt er mich: Das Einatmen zu vieler Pigmente könne Halluzinationen auslösen. Dann gehen wir in den Berg.

Bilderbuchdörfer und alte Ockerbrüche
machen den Luberon
zu einem Höhepunkt der Reise.

Besichtigen die Minen
von Bruoux, ein gigantisches
unterirdisches Labyrinth
von 40 Kilometern Länge!

Thierrys Höhle: Ein Farbenspiel wie in der argentinischen
Quebrada de Humahuaca. Nur besser!

90. Tag | Thierrys Zauberwelt: Alles ist blutrot. Fühlen uns wie im Inneren der Erde. Man kann hier malen, beten, meditieren oder einfach nur staunen, mit welcher Wucht die Sonne den Fels zum Glühen bringt.

92. Tag | Sentier des Ocres: Ich mache eine kleine Wanderung, springe über Zäune und stehe schließlich auf einem Bergrücken oberhalb des altes Steinbruchs von Roussillon.

Wasser für Nemausus

Mit einer Träne im Knopfloch und rostroten Füßen verlassen wir die Provence. Wir radeln gen Westen, passieren schon bald Avignon, die große Stadt der Päpste, queren die Rhône, erreichen den Gardon, doch bleiben wir erst stehen, als sich über unseren Köpfen eines der eindrucksvollsten Bauwerke der Antike erhebt: 275 Meter lang, 49 Meter hoch, die bis zu sechs Tonnen schweren Quader so exakt geschnitten, dass sie mörtellos gefügt werden konnten – und 2000 Jahre später so aussehen, als hätten die Römer ihr Werk erst gestern vollendet. Als 1851 der Reiseschriftsteller Moritz Hartmann das Aquädukt erblickte, notierte er in seinem Tagebuch, dass er sich von Herzen freue, die Amphitheater von Nîmes und Arles bereits gesehen zu haben: »Nach dem Pont du Gard wären sie mir klein und hässlich erschienen.«

93. Tag | Occitanie, Avignon: Bekomme die Ockerpigmente nicht mehr von den Schuhen runter!

Der Bau begann im 1. Jahrhundert nach Christus. Nîmes hieß noch Nemausus und war eine der größten und bedeutendsten Städte des Römischen Weltreiches. Sie lag verkehrsgünstig an der Via Domitia, war dicht bewohnt und prachtvoll. Das Einzige, was ihr fehlte, war Wasser, und weil es im Languedoc sehr trocken ist, musste das kostbare Nass mühsam aus den Bergen herbeigeschafft werden, in diesem Fall aus einer Quelle bei Uzès. Entfernung nach Nîmes: 20 Kilometer. Höhenunterschied: 17 Meter. Tagesbedarf an Trinkwasser: 20 000 Kubikmeter. Leider lagen bei näherer Betrachtung ein paar Gebirgsmassive dazwischen, weshalb das Leitungssystem am Ende auf eine Gesamtlänge von mehr als 50 Kilometer anwuchs – und das macht die Konstruktion so einzigartig. Denn wie die Baumeister den richtigen Weg fanden und vor allem: wie sie mithilfe einfachster Messgeräte ein Gefälle von 34 Zentimetern pro Kilometer umsetzten, ist bis

94. Tag | Pont du Gard:
Die besten Ingenieure des
Römischen Reiches und
1000 Sklaven bauten drei Jahre
lang an dem Aquädukt,
das alles bisher Dagewesene in
den Schatten stellen sollte.

heute ein Rätsel. Um die Neigung beizubehalten, mussten sie nicht nur ganze Gebirge umgehen und zum Teil durchtunneln, es galt auch, sieben gewaltige Flusstäler zu überwinden.

Inzwischen hat man dank hochpräziser Lasermesstechnik sogar herausgefunden, dass die Neigung der Rinne nicht durchweg konstant ist. Vielmehr weisen die geraden Abschnitte ein etwas höheres, die gekrümmten hingegen ein geringeres Gefälle auf, wodurch die Fließgeschwindigkeit des Wassers in den Kurven herabgesetzt und somit der Druck auf die Wände der Leitung minimiert wurde.

»Warum nur«, seufzte der Philosoph Jean-Jacques Rousseau angesichts dieser kolossalen Ingenieursleistung, »wurde ich nicht als Römer geboren?«

96. Tag | Occitanie, Sauve: Wenn wir mit dem Lastenrad kommen,
bleiben die Menschen stehen. Es entwickeln sich Gespräche und Situationen,
die wir nicht hätten planen können. Und manchmal, so wie heute,
landen wir in einem Tipi.

Auf den Spuren der Templer

Nach dem Pont du Gard wird es still. Große Städte verschwinden und mit ihnen die Touristen. Vier Monate sind wir nun schon unterwegs: Die Kleidung hat den Geruch von Abenteuer angenommen, das Be- und Entladen ist tägliches Ritual, und unsere Augen erspähen noch die kleinste Beere am Wegesrand. Aber auch Weintrauben, Pfirsiche, Feigen und trockenes Holz für ein Lagerfeuer. Immer öfter schlafen wir jetzt draußen, bauen die Betten einfach im Gras – und noch nie hat Unai so friedlich geschlummert wie auf einer Isomatte unter den Sternen.

In Sauve treffen wir die letzten Menschen, das Tipi in ihrem Garten wird unser Lager für die Nacht. Sie haben Wasser, Strom, zwei Kinder und sogar einen Internetanschluss. Das WLAN reicht bis zur Platane an der Straßenecke – dahinter ist Schluss. Dahinter beginnen die Cevennen, die letzten Ausläufer des Zentralmassivs: raue, *Causses* genannte Hochplateaus aus Kalkstein, zerschnitten von tiefen Schluchten, ungezähmten Flüssen und nicht enden wollenden Lindwürmern aus Asphalt.

97. Nacht | Gorges de la Vis: Ich liebe diesen verkohlten Teekessel! Er begleitet mich seit Patagonien.

Wer hierher kommt, in diese einsamste aller französischen Regionen, muss dem Kargen etwas abgewinnen können: der unendlichen, windumtosten Landschaft, der Monotonie von trockenem Gras und welken Eichen. Und: Er muss den Ehrgeiz mitbringen, die bescheidenen Ausblicke mit viel Schweiß zu bezahlen. Denn es geht nicht nur einen ganzen Tag lang ständig bergauf, sondern es gibt, oben angekommen, eigentlich auch nichts zu sehen. Vielleicht einen Hasen oder ein versprengtes Schaf, Sträucher in zwei Farben. Nichts, an dem sich die Gedanken festhalten könnten.

Selbst den ab und an vorbeizuckelnden Peugeot 504 nimmst du anders war. Er verschwindet nicht einfach hinter der nächsten Biegung. Er fährt. Und fährt. Und fährt. Du kannst getrost wegschauen, plaudern, dich nach einer Weile erneut seiner besinnen und findest ihn dann irgendwo am Horizont – die Straße hat sich längst im Flimmern der Hitze aufgelöst – als kleinen Farbklecks zwischen Erde und Himmel.

Natürlich sagst du dir, dass es hier im Frühling blüht und duftet. Im September aber versengt die Sonne das zaghafte Grün zu einem strohgelben Teppich.

Dass wir trotzdem lustvoll radeln, hat mit dem Gefühl grenzenloser Freiheit zu tun, mit einem Schmetterling auf Jennis Lenker und mit etlichen Cowboy- und Westernfilmen, die vor meinem inneren Auge ablaufen.

»Wann sind wir da?«, fragt Unai, und der Peugeot verschwindet endgültig, wahrscheinlich hinter der Erdkrümmung.

»Das weiß man erst, wenn man da ist.«

Alles hier erinnert mich an Patagonien: die Farben, die Pflanzen und auch ihre Abwesenheit, die wohltuende Leere und Unbeschriebenheit einer Landschaft, in der nur wenige Menschen einen Abdruck hinterlassen haben. Es ist eine Weite, von der wir Europäer uns keine Vorstellung machen. Wie sollten wir auch: Europa ist kleinteilig, bunt, zersiedelt, ein Potpourri verschiedener Naturräume und Kulturen.

An der *Routa Tres,* jener großen Nationalstraße, die parallel zum Atlantik von Buenos Aires bis nach Feuerland verläuft, steht bis auf eine Handvoll Raststätten kein Haus. Auch kein Baum. Ja, es gibt noch nicht einmal eine Kurve in der Straße. Du radelst einfach nur für 3000 Kilometer gera-

Die wenigen Senken, in denen sich wegen eines tonhaltigen Untergrunds Wasser ansammeln kann, werden als Viehtränken benutzt.

Wir sind in der Heimat
des Roquefort! Seit Urzeiten
wird auf den kargen
Hochebenen Käse aus Schafs-
milch hergestellt.

(F)

98. Tag | Cevennen, Saint-Maurice-Navacelles: Wer die Causses besucht, kann sich
getrost einige unzugänglichere Ziele sparen: das Altiplano, Tibet, Patagonien.

deaus. Nie mit Schwung, nie bergab, nie mit Rückenwind. Dafür sorgt der
Zonda. Er kommt als Fallwind von den Anden, nimmt über 500 Kilometer
ungehindert Anlauf und schlägt mit 100 Sachen wie eine staubige Faust gegen dein Fahrrad. Jeden Tag aufs Neue. Und immer von vorn.

Manchentags schafften wir zehn Kilometer mit zittrigem Lenker, bevor
wir in einer Senke am Straßenrand zusammenbrachen. Zehn Kilometer!
Besser als gar nichts, könnte man einwenden. Aber was, wenn es bis zur
nächsten Tankstelle noch 200 Meilen sind und die Vorräte langsam zur
Neige gehen?

Immerhin siehst du ab und an ein Straßenschild: »Gefährliche Kurve«. Und du weißt: Das ist der Höhepunkt des Tages! Du blickst nach hinten, schaust erwartungsvoll nach vorn, suchst den Horizont nach einer Kehre ab. Doch da ist nichts. Nur geteerte Gleichgültigkeit. Erst als du das Schild schon fast vergessen hast, geht es kaum merklich nach links, vielleicht fünf Grad, und das war's für die Woche.

»Papa, wie weit?«
»Iss noch eine Himbeere.«

Die Cevennen sind ein Mythos – und eine der letzten wilden Gegenden Europas. Bedingt durch die Unwirtlichkeit ihrer Böden und den Wasser-

100. Tag | La Couvertoirade: Schon seit drei Jahrtausenden wird in den Cevennen die Wanderschäferei (Transhumanz) ausgeübt.

La Couvertoirade: Aus der verwitterten Hochebene des Larzac erheben sich die hohen Festungsmauern des einstigen landwirtschaftlichen Gutes der Templer.

mangel waren die Causses stets eine arme Region. Einzig die Tempelritter, dieser mächtigste Orden der Christenheit, gründeten im Mittelalter eine Handvoll Niederlassungen und zu deren Schutz zahlreiche Burgen, die wie Steinhaufen aus der Steppe ragen.

Zu den Aufgaben dieser Komtureien zählte in erster Linie, das Land zu bewirtschaften, aber auch, durchreisende Ordensbrüder und Pilger gastfreundlich aufzunehmen. Arme unterstützten sie durch Almosen.

Nach der Zerschlagung des Ordens durch König Philipp IV. von Frankreich und der offiziellen Auflösung durch seine Marionette Papst Clemens V. lagen die Güter 700 Jahre lang brach. Sie dienten als Rückzugsort für verfolgte Hugenotten und menschenscheue Hippies, als Versteck für Juden und französische Widerstandskämpfer. Und sie gehören heute – nach ihrer behutsamen Restaurierung – zu den schönsten Dörfern Frankreichs.

Wir fühlen uns wie auf einer Zeitreise. In La Couvertoirade fehlt all das, was man sich anderswo so gern wieder wegwünscht.

Wer am Abend entlang von brüchigen Mauern durch die verwinkelten Gassen von La Couvertoirade streift, fühlt sich wie in einem anderen Jahrtausend. Es gibt keine Hotels, keine Ampel, keine Reklame, nur einen Esel, dessen träger Gang den Rhythmus des Lebens von 25 Einwohnern und einem Baby bestimmt. Unfassbar schön, unfassbar aus der Zeit gefallen. Im Jargon unserer kopflosen Gesellschaft: ein Therapeutikum.

Natürlich lagern wir hier – wie einst die Wallfahrer – vor den Toren der Stadt. Und nie werde ich den Moment vergessen, als Unai um zwei Uhr nachts seine Augen aufschlägt – über ihm das Himmelszelt – und zum ersten Mal in seinem Leben dieses Wort sagt: »Sterne«. Dann schließt er die Augen und schläft wieder ein.

99. Tag | Cevennen, Cirque de Navacelles: Berauscht blicken wir in den Felskessel! Fast 400 Meter tief hat sich die kleine Vis in den Kalk gegraben. Vor ein paar Tausend Jahren änderte der Fluss seinen Lauf und hinterließ einen fruchtbaren Schwemmboden, der letztlich zur Gründung des kleines Dorfes führte.

101. Tag | Occitanie, Lac du Salagou: Wir stoßen bei unserer Fahrt nach
Süden inmitten rötlich schimmernder Felslandschaft auf einen großen Stausee.
Wassertemperatur: 28 Grad! Wer will da noch nach Saint-Tropez?

Windeln im Nebel

In Südamerika begegnet einem Paul Theroux an jeder Ecke. Kein Dorf, in dem der Schriftsteller nicht geschlafen, kein Schlagloch, das er nicht schon vor 40 Jahren beschrieben hätte. Sein Klassiker *Der alte Patagonien-Express* steht zum Büchertausch in jedem Kaffeehaus zwischen Bogotá und Bariloche. Er beschreibt darin seine monatelange Fahrt mit Bummelbahnen und Luxuszügen quer durch die USA und Mexiko immer Richtung Süden bis nach Argentinien. Ich nahm seinen Bericht oft zur Hand, las ein Kapitel, fuhr dann ein paar Wochen auf der Panamericana nach Norden, stieß erneut auf das Buch, blätterte, las weiter, und so reiste ich über einen Zeitraum von zwei Jahren gleichzeitig nordwärts und südwärts durch Patagonien. An viele Passagen erinnere ich mich bis heute, und eine kommt mir gerade in den Sinn: »Jede Reise«, schrieb er, »trägt ein Element von Gefahr in sich: Immer kann etwas Schreckliches geschehen, oder, was viel schlimmer wäre, es kann auch überhaupt nichts passieren.« Glücklicherweise blieb uns Letzteres erspart.

Am 16. September stehen wir am Fuß der baskischen Pyrenäen, die letzte große Hürde auf unserem Weg nach Spanien. Weil ich auf dem Pic d'Anie vor vielen Jahren schon einmal stand und schönste Erinnerungen damit verknüpfe, entscheiden wir uns für die Passstraße über den Col de la Pierre Saint-Martin, die in Sichtweite des Berges über eines der größten Karrenfelder Europas verläuft.

In Jahrmillionen haben Wind und Wasser hier eine zerfurchte Mondlandschaft aus Kalk- und Dolomitgestein geschaffen, über die zu laufen im Sommer ein Erlebnis ist. Im Winter aber, wenn weißer Schnee das weiße Plateau bedeckt, aus dessen Mitte die gigantische Felspyramide des Anie 2507 Meter in den Himmel ragt, fühlt man sich wie auf einem anderen Stern.

109. Tag | Pyrenäen, La Pierre Saint-Martin: Der Himmel ist so trüb wie die Nudelsuppe von gestern Abend. Wir entscheiden uns, ein paar Tage zu warten und das Buchcover zu fotografieren.

Doch dieses Mal liegt er im Nebel, wie überhaupt alles, was uns seit sechs Stunden umgibt. Das Einzige, was wir gerade noch sehen, ist die Fahrbahnmarkierung. Wir folgen ihr keuchend, eisiger Wind bläst uns ins Gesicht, und die Stimmung der Geliebten ist auch schon mal besser gewesen. Ich möchte gerne sagen: Die Grenzen sind im Kopf! Wenn du dich aufgibst, wenn du mit dir, dem Rad, dem Wetter oder dem Weg haderst, dann kommst du diesen Berg nicht hoch. Aber vielleicht ist das leichter gesagt als getan. Vielleicht muss man sich erst einmal in einer brenzligen Lage befunden und das Umkommen haarscharf vermieden haben, um zu sehen, dass am Ende des Tages nichts und niemand, auch kein Pass und kein Unwetter, für das eigene Leben und das eigene Glück verantwortlich ist. Nur man selbst.

111. Tag | Co de la Pierre Saint-Martin: Unai hat Kühe entdeckt! Wir nehmen am Straßenrand Platz, um besser zu sehen. Eine willkommene Erholung.

Will man es ein bisschen seichter haben, hilft gegen zu viel Frust im Kopf meist eine gute Geschichte, und zu Spanien fällt mir just eine ein, denn es ist das Land, mit dem für mich alles begann.

Ich hatte gerade mein Architekturstudium abgeschlossen, da stolperte ich über ein Flugblatt des Arbeitsamts. An einem dreimonatigen Praktikum im Baskenland blieb ich hängen. Supersache, der EU sei Dank! Sie hatte nur einen Haken: Es gab 60 Bewerber auf vier Plätze. Und so kam es, dass ich mich nach einer Befragung zu Werdegang und Eignung in einem vierstün-

digen schriftlichen Spanischtest wiederfand – ich hatte noch nie in meinem Leben auch nur ein Wort Spanisch gesprochen! Kein *Vamos*, kein *Hola*, kein *Que tal?* Nichts.

Ich weiß nicht mehr, was ich die ganze Zeit zwischen den 59 schweißgebadeten Graduierten gemacht habe, aber kurz vor Schluss, daran erinnere ich mich noch, schrieb ich ganz unten auf die letzte Seite: »Ich bin voll motiviert. Wenn Sie mich nehmen, lerne ich sofort Spanisch.« Und damit gab ich die zwölf Blätter ab. Es dauerte eine Weile, bis ich in das Büro der Prüfungskommission gerufen wurde. Sie gaben mir eine Woche.

Ich fuhr noch am selben Abend in meine Heimatstadt Rostock, suchte mir eine pensionierte Universitätsprofessorin und schlug mir sechs mal zwölf Stunden um die Ohren. Dann reiste ich zurück nach Berlin und legte eine flüssige Konversation aufs Parkett. So kam ich ins Baskenland und von dort auf die Kanaren, und aus den drei Monaten wurden drei Jahre, und der Rest ist Geschichte.

2012 besuchte ich den Kanarischen Archipel erneut. Ich wollte ihn einmal der Länge nach von Ost nach West durchwandern. Auf der dritten Insel traf ich Jenni, und auf einem Dorffest in den Bergen wurden wir verkuppelt. Ich muss gestehen, dass ihr baskischer Akzent eine Rolle in der Geschichte spielte. Denn nichts klingt in meinen Ohren schöner als die rauchigen Stimmen des spanischen Nordens, in dem ich einst lebte. Entgegen kanarischer Sitte liebten wir uns noch am selben Abend hinter einer Leitplanke.

Intimverkehr interessiere sie gerade nicht, röchelt Jenni, ihr sei arschkalt, links und rechts der Fahrbahn liege Schnee, und wir hätten nur noch eine Windel im Gepäck und 80 Kilometer vor uns bis nach Roncal.

Unai findet seine Berufung: Er möchte Kuhhirte werden! Was er nicht weiß: Sein Name kommt aus dem Baskischen und bedeutet *Pastor de Vacas*, Kuhhirte.

113. Tag | Navarra, Lumbier: Wir sind in Spanien. Unglaublich!
Sergio Leone geriete ob dieser Landschaft ins Schwärmen. Viele seiner Italowestern
wurden nicht weit von hier, in der Provinz Aragón, gedreht.

114. Tag | Navarra, Aoiz: Die Landschaft ist trocken wie Stroh, drückende Hitze, kein Lüftchen. Wir fühlen uns wie die Statisten in einem modernen Theaterstück: eine leere Bühne, nur Wladimir und Estragon.

Finale mit Pauken und Trompeten

Am Ende der Abfahrt liegt das Land des Don Quijote: endlos und trocken, von der Hitze des Sommers gezeichnet. Das also ist Jennis Heimat – und das Ziel unserer Reise. Wir haben es tatsächlich geschafft!

Die Ebenen Navarras leuchten von bernsteingelb bis kupferrot, Traktoren beackern die Felder, und auf den fernen Hügeln ragen gigantische Windräder wie einst Cervantes' Mühlen in den blassblauen spanischen Himmel. Keiner von uns spricht. Es hat den Anschein, als wäre selbst Unai in den Anblick dieser archaischen Kulisse versunken. Spürt er vielleicht, dass die größte Reise seines bisherigen Lebens langsam zu Ende geht?

Auf einer schnurgeraden Piste fahren wir gleichmäßigen Trittes gen Süden. Es geht kein Lüftchen. Alles ist still. Alles schläft: die Dörfer am Wegesrand, die Bauern und die Esel, nur die Sonne ist wach und wirft ihr Licht auf diese grenzenlose Weite, in der jeder Espresso nach Flamenco schmeckt.

Den Kaffee brachten übrigens vor Urzeiten die Mauren nach Spanien. Im Jahr 711 überquerte der arabische Heerführer Ṭāriq ibn Ziyād, der zuvor Nordafrika und die dortigen Berbervölker unterworfen hatte, mit seinen Truppen die Meerenge von Gibraltar. Am 19. Juli stellte er den westgotischen König Rodrigo zum Entscheidungskampf. Rodrigo fiel, die Mauren eroberten die Iberische Halbinsel. Sie gaben ihr den Namen al-Andalus und blieben beinahe 800 Jahre. Mit ihnen kamen Wissenschaft und Handwerk nach Europa, ebenso Künste und Poesie.

Islamische, christliche und jüdische Autoren schufen in al-Andalus eine Dichtung, die zum Schönsten zählt, was die Weltliteratur hervorgebracht hat. Und so hinterließen die Mauren nicht nur Bauwerke wie die Alhambra und die Mezquita, sondern auch Aphorismen und Redewendungen. Und eine besagt: »Das Beste, was man vom Reisen nach Hause bringt, ist die heile Haut.« Da haben sie zweifellos recht: Gibt es ein schöneres Geschenk als das Leben? Das Zweitbeste aber sind aufregende Geschichten – und damit sind wir in Pamplona.

Nach dreitausend Kilometern und vier Monaten im Sattel stoppt uns am Ortseingang von Pamplona die Polizei. Jennis Verwandtschaft steht derweil mit Schampus und Konfetti auf der Plaza Santa Ana und wartet auf unser Erscheinen.

»Ohne Helm«, wiederholt der Wachtmeister, »geht hier gar nichts!«

Die Innenstadt sei verstopft, der Verkehr unübersichtlich: »Kein Durchkommen, schon gar nicht für Kriminelle.«

Wir wollen schon umdrehen und nach Hause fahren, da beginnt sich das Gespräch zu entfalten. An dieser Stelle bitte ich um Geduld, denn ein Blick in die Geschichte ist unumgänglich. Auch versichere ich, dass sich alles genau so zugetragen hat, wie ich es nun beschreibe. Und wer das nicht glaubt, der war noch nie in al-Andalus.

Es war einmal ein Königreich, das nannte sich Navarra. Im Norden war es üppig grün und reich an Wäldern, im Süden flach und trocken. Über den Pass von Roncesvalles kamen seit Urzeiten die Jakobspilger, weshalb entlang ihres Weges eine Fülle prächtiger Städte, Burgen und Kathedralen entstanden war. Wie viele? Niemand hatte sie je gezählt. Doch eines wussten die Könige, die Bischöfe und all die vielen Wallfahrer, die durch ihre Tore traten: Pamplona ist die schönste Stadt von allen! Im ganzen Land war sie für ihre Bräuche und Feste bekannt, und jedes Jahr im Juli, auch das wusste jeder, ehrten ihre Bewohner den Schutzheiligen San Fermín – ein Volksfest samt Feuerwerk und Stierkampf, wie es in Spanien kein zweites gab.

Vor 100 Jahren nahm ein Mann von außerhalb an den Encierros teil. Er war besessen von Tapferkeit und Tod, liebte Stiere, Wein und Frauen, und das alles in Fülle, und kritzelte dabei unentwegt in seinem Tagebuch. »Sonntagmittag, den 6. Juli, brach die Fiesta aus. Es gibt keinen anderen

116. Tag | Pamplona:
Wir begegnen auf der Straße
einem ungewöhnlich
großen Wesen. Wie sich heraus-
stellt, ist es ein *Kiliki*.

Ausdruck dafür.« Mit seiner schnörkellosen, präzisen Beschreibung der San Fermines setzte Ernest Hemingway Pamplona ein Denkmal und machte den Stierlauf weltbekannt. Seitdem war nichts mehr wie zuvor.

Aus der ganzen Welt strömten die Menschen in weißen Hosen und Hemden herbei, die rote Baskenmütze *Boina* auf dem Kopf. Sie rannten um ihr Leben und soffen sich zu Tode – und Pamplona platzte aus allen Nähten. Den Einwohnern wurde der Ansturm bald zu viel, und so feiern sie jedes Jahr im Herbst – um genau zu sein: heute, am 24. September, dem Tag unserer Ankunft – ihr eigenes Fest: »San Fermín Txikito«, was auf Baskisch so viel bedeutet wie der »Kleine San Fermín«.

Pamplona: Die stolze Hauptstadt des ehemaligen Königreichs Navarra ist heute der wichtigste Ort der spanischen Pyrenäen.

Alles ist etwas ruhiger, zivilisierter, und statt der Stierhatz rollen Pappkühe auf Rädern durch die Altstadt, die übrigens sehr sehenswert ist und, da von einer Stadtmauer umfasst, von angenehmer Größe. Man singt, man tanzt. Ein Bierchen hier, ein Käffchen dort, und da die Tapas bunt sind und die Weinschläuche preiswert, wird es nach dem Mittag spürbar lauter auf der

Wieder ein *Kiliki*. Der *Cara de Vinagre* läuft durch die Gassen und erschreckt Passanten.

Straße. Also ab vier, wenn jeder mal in jede Bar geguckt hat. Denn in der einen gibt es Paella, in der nächsten Pintxos, diese herrlichen baskischen Gourmetspießchen, und in der dritten hängen die berühmten Serrano-Schinken von der Decke. Ihr Duft wabert durch die Gassen, füllt Hinterhöfe und Plätze und vermengt sich schließlich mit dem Klang von tausend Dudelsäcken, Trommeln und Flöten zu einem allumfassenden Furor.

Dazu tanzen paarweise die Riesen: vier Meter hohe und mehr als 60 Kilogramm schwere Figuren. Sie verkörpern jeweils den König und die Königin, *el Rey y la Reina,* der Kontinente Europa, Asien, Afrika und Amerika. Im Innern der Giganten befindet sich ein Tragegestell aus Holz. Kopf und Hände bestehen zumeist aus Pappmaschee. Bewegt werden sie von jungen Männern, den *Porteadores,* was einer großen Ehre gleichkommt und eine noch größere Anstrengung bedeutet. Die tragenden Personen, die alle paar Hundert Meter erschöpft ausgewechselt werden müssen, haben keinerlei Blickkontakt zur Außenwelt und lassen sich beim Gehen und Drehen durch die Rufe Tausender Zuschauer lenken.

Seit dem 12. Jahrhundert, dem Sieg über die Mauren und der Rückeroberung Spaniens durch die christlichen Heere wirbeln und wippen sie durch die Straßen von Pamplona – und all das auch heute, in diesem Augenblick! Und deshalb will, kann und darf uns der Beamte so auf keinen Fall in die Stadt lassen.

Mit würdevoller Miene prächtigem Gewand, Pfeil und Bogen tanzt der Rote Riese durch die Innenstadt.

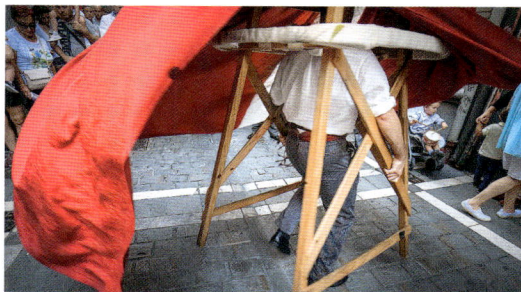

Junge Männer aus der Nachbarschaft bewegen den Giganten. Kein leichtes Unterfangen: 66 Kilogramm lasten auf den Schultern des Trägers!

116. Tag | **Pamplona:** Heute, am 24. September, feiern die Kleinen! Es gibt viel heiße Schokolade, Hüpfburgen, Volkstänze und einen Umzug der Giganten. Wer drei Jahre alt ist, darf seinem Lieblingsriesen den Nuckel überreichen und gehört fortan zum Zirkel der Großen.

116. Nacht: Ein Feuerstier aus Metall, randvoll mit Raketen und bengalischen Lichtern, treibt kreischende Kinder und mutige Erwachsene durch die Straßen von Pamplona.

»Apropos Riesen«, sage ich und frage, ob er die Ostsee kenne, die läge nämlich – ich suche fieberhaft nach einem passenden Wort –, die läge nämlich
riesig weit weg.

»Nein.«

Das sei aber schade. Dort wären wir nämlich vor vier Monaten losgefah-
ren. Hätten unterwegs geschwitzt, gefroren und gelitten, uns Blasen zuge-
zogen und gestritten (an dieser Stelle kann die Reisebeschreibung zwecks
Ermüdung des Gegenübers beliebig ausgebaut werden) … Und nun stünde
ein *riesiges* Empfangskomitee mit Pauken und Trompeten nur ein paar Kilometer von hier und warte auf unser Erscheinen.

Juan und Roberto: nach
einer langen, zermür-
benden Reisegeschichte
»Freund und Helfer«.

Er glaubt uns nicht, natürlich nicht, aber Geschichten hört er jeden Tag, und viele sind schlechter. Es geht also eine Weile hin und her. Aus Fragen werden Antworten, aus Antworten Geschichten, und man merkt: Spanier reden laut, viel und das gern, und wenn einmal alles gesagt wurde, was es zu sagen gab, dann wird das bereits Gesagte abgewandelt, ausgestaltet, aufgebrezelt und wiederholt. Als Deutscher mag man an einem solchen Punkt einwerfen, dass alles gesagt sei, was zu sagen ist. Doch wer das tut, der hat noch nie neben einem spanischen Polizisten gestanden, der es sich auf der Kühlerhaube seines Streifenwagens gemütlich macht. Er sinkt im Laufe des Gesprächs förmlich in sie ein und liegt am Ende meiner Ausführungen quer auf dem Fahrzeug.

Jenni räuspert sich. Ein zweiter Polizist tritt hinzu und verweist auf den beträchtlichen Stau hinter uns. Tatsächlich haben bereits viele Fahrer ihre Autos verlassen, sitzen in der Sonne oder stehen in kleinen, gestikulierenden Gruppen am Straßenrand. Unser Beamter sammelt sich, schält sich aus der Motorhaube und rutscht auf die Straße: Statt einer Geldstrafe, sagt er feierlich, gebühre uns eine Eskorte!

Und dann sitzen wir ein letztes Mal auf. Das Blaulicht kreist, die Sirene heult, und wir rauschen durch die jubelnde Menge: ein Meer aus Händen und Fähnchen, Klatschen und Pfiffen. Und das Nächste, an das wir uns erinnern, ist der Klang von Pauken und Trompeten, als wir die Plaza Santa Ana betreten. Konfetti kommt von links, Perlwein von rechts und irgendetwas anderes Klebriges von oben. Unai streckt uns seine Hände entgegen, und wir nehmen sie in die unseren. Jeder eine. Er lacht. Wir gratulieren ihm. Dann essen wir zusammen eine Reiswaffel.

118. Tag | Pamplona: Die Fiestas sind vorbei,
die Giganten verschwunden, das Feuerwerk erloschen –
die Straße gehört wieder uns!

Epilog

Und so erreichten wir nach einer langen, langen Reise Pamplona. Wir fielen uns in die Arme, wir lachten und tanzten, und die Sektkorken flogen. Und hinter der Stadt sahen wir schon die Berge, Wüsten, Olivenhaine und die Strände der Biskaya. Außerdem war Andalusien nicht weit, Marokko, Persien, und irgendwo dahinter liegt Tibet. Es winkte uns zu, wir brauchten nur zu folgen, und ich notierte das als Idee für die Zukunft. Dann bestiegen wir den Bus in die Heimat.

Nur wenige Tage nach unserer Rückkehr wurde Unai zwei Jahre alt. Wir gingen gemeinsam Enten füttern und danach essen. Vom guten deutschen Schwarzbrot hielt er wenig. Die Südtiroler Knödel aber fehlen ihm noch heute. Von Italien sprach er manchmal im Traum, als wäre es eine einzige große Nudel mit Tomatensoße. Und auch nach Oktopusstückchen mit Wildschwein-Emulsion, Kimchi und Heidelbeeren hatte er schon gefragt. Wir vertrösteten ihn auf die nächste Reise und versuchten zu erklären, dass wir jetzt erst einmal die Wäsche dieser Reise waschen müssten. Dann blickten wir alle in Richtung Flur, wo in einer Ecke neben der Eingangstür immer noch die Satteltaschen standen. Als wollten wir das Unterwegssein möglichst lange konservieren, hatte sie bisher niemand geöffnet.

Sie waren so groß und so schwer gewesen, als wir damit über die Alpen mussten. Hier im Haus wirkten sie klein und unbedeutend angesichts all des Zeugs rundum. Zeitungen, Schuhe, Topfsets, Kisten voller Vergangenheit. Unterwegs waren wir mit so wenig ausgekommen, und doch hatte es an nichts gefehlt.

Auch die Autos fielen uns auf. Nicht, dass es in Bäbelin viele gäbe, aber wenn mal eines kam, dann fragte Unai, warum es so rase.

Überhaupt fragte er vieles: Wo die Luftpumpe liege? Wer mit ihm Brombeeren pflücken gehe? Ob die Pyramideneier schon fertig seien? Und wohin wir heute noch führen?

Nun, da ich dies aufschreibe, ist unsere Radtour lange vorbei. Es ist kalt und grau, so wie man es von diesem Land erwartet. Ich schaue zum Fenster hinaus auf sieben sture Pommernschafe und einen Sturm, der wütet, als wolle er den Hof verschlingen. Auf dem Herd köchelt ein Tee. Daneben steht eine Tasse. Das Wasser brodelt, der Deckel klappert. Jemand klopft an die Haustür, eine Klingel haben wir nicht. Die Postfrau reicht mir die Ostseezeitung. Ich lese die Schlagzeile, »Der Aalbach darf zurück ins Bett«, und ich weiß: Natürlich kann man auch zu Hause was erleben!

Nur was?

Last but not least

Ich bedanke mich ganz herzlich bei meinen Partnern und Sponsoren für ihre Freundschaft und Unterstützung und für das Glätten so mancher Woge in turbulenten Reisezeiten. Ohne sie wären die Tour und dieses Buch nicht möglich gewesen! Ich kann ihre Produkte – nach jahrelangem Einsatz in allen Teilen der Welt – uneingeschränkt empfehlen.

Vélo 54
Dem kleinen Hamburger Fahrradladen Vélo 54 ist es zu verdanken, dass wir mit einem Douze Cargo Bike voll raffinierter Details unseren Traum von einer Reise durch Europa verwirklichen konnten. In ihrem Laden gibt es Lastenräder für alle Gelegenheiten – vom Brötchenholen bis zur Weltreise!

Fujifilm
Die X-Serie von Fujifilm kam wie ein Paukenschlag: außen elegantes Retrodesign, innen innovative Technik. Mit dem Gehäuse kann man Nägel in die Wand schlagen, der Sucher ist einmalig, und die Bildqualität steht den großen Spiegelreflexkameras in nichts nach.
Auf unserer Reise hatte ich die X100T, eine X-Pro2 und eine X-T1 dabei. Dazu folgende Objektive: XF10-24 mmF4 R OIS, XF35mmF2 R WR und XF90mmF2 R LM WR. Für dieses Buch habe ich später noch einiges nachfotografiert. Dabei habe ich die X100F sowie eine X-T2 mit ZEISS Touit 2.8/12 verwendet.

Páramo
Páramo ist ein echter Geheimtipp! Nach vier Monaten Dauernutzung können wir sagen: Die Outdoor-Bekleidung schützt nicht nur vor Nässe, sondern bietet auch einen überragenden Tragekomfort. Das Besondere: Die Sachen werden höchst umweltschonend und sozial verantwortlich produziert! Lange bevor der große Markt damit begann, Funktionalität und Nachhaltigkeit zu verbinden, kooperierte Páramo mit der gemeinnützigen Miquelina-Stiftung in Kolumbien. Diese verhilft sozial gefährdeten Frauen durch eine Nähausbildung zu einem selbstbestimmten Leben. Die Stiftung wurde 2017 vollständiges Mitglied der World Fair Trade Organization.

tout terrain
Jenni fuhr ein maßgeschneidertes Silkroad, das geniale Reiserad von tout terrain. Ob man täglich zur Arbeit fährt, am Wochenende ins Grüne oder rund um den ganzen Erdball – bei der Freiburger Fahrradschmiede findet sich das passende Equipment für jede Tour.

Ortlieb
Die Satteltaschen, mit denen ich vor 15 Jahren in Südamerika unterwegs war, habe ich noch heute: voll im Einsatz, wasserdicht bei jedem Wetter. Ich kenne keine vergleichbaren Taschen und Packsäcke und mag sie jedem Langzeitreisenden ans Herz legen.

Rohloff
Wer sich auf längeren Touren auch unter extremen Belastungen auf seinen Fahrradantrieb verlassen muss, und das gern mit geringstem Wartungsaufwand, dem sei die 14-Gang-Rohloff-Speedhub-500/14-Getriebenabe empfohlen. Wir haben es damit über sieben europäische Gebirgsmassive geschafft!

Dell
Die XPS-Notebooks verfügen über hochauflösende 4K-Displays, leistungsstarke Funktionen, enorme Akkulaufzeiten und eine herausragende Fertigungsqualität bei geringstem Gewicht – mein ultimativer Reise-Laptop!

Rejka
Rejka-Zelte sind seit 1997 auf der ganzen Welt unterwegs – und jetzt auch mit uns. Wir sind begeistert: große Qualität zu kleinem Preis!

Noch nicht genug?
Mehr von André Schumacher finden Sie
in der hinteren Umschlagklappe.

Impressum

© **2018 GRÄFE UND UNZER VERLAG GmbH, München**
HOLIDAY ist eine eingetragene Marke der GANSKE VERLAGSGRUPPE.
1. Auflage 2018
ISBN 978-3-8342-2999-1

Lektorat und Satz: Felicitas Holdau
Layout und Umschlaggestaltung: Steffen Wilbrandt
Fotos: André Schumacher
Karte (Umschlag vorn innen): Jakob Weyde, House of Creatures
Produktion: Renate Hutt
Repro: Repro Ludwig, Zell am See
Druck und Bindung: Dimograf

B2B-Editionen schneidern wir nach Ihren Wünschen.
Bei Interesse: Gabriella.Hoffmann@graefe-und-unzer.de

Bei Interesse an Anzeigenschaltung: KV Kommunalverlag GmbH & Co. KG
Tel. +49 89/5280960 · info@kommunal-verlag.de

GRÄFE UND UNZER VERLAG
Postfach 86 03 66
81630 München
Tel. 0 89/41 98 19 00
holiday@graefe-und-unzer.de
www.holiday-reisebuecher.de

www.facebook.com/gu.verlag

GRÄFE
UND
UNZER

Ein Unternehmen der
GANSKE VERLAGSGRUPPE

Liebe Leserinnen und Leser,

hat Ihnen unser Buch gefallen? Falls ja, freuen wir uns, wenn Sie es weiterempfehlen – Ihren Freunden, Verwandten, Kollegen, Nachbarn, dem Buchhändler Ihres Vertrauens und allen, die auf der Suche nach einem Reisebuch-Tipp sind, zum Beispiel bei Online-Händlern. Wenn Sie Kritik oder Korrekturen haben, schreiben Sie uns gerne an holiday@graefe-und-unzer.de – und natürlich auch, wenn Sie uns Ihr Lob auf direktem Weg zukommen lassen möchten. Sie erreichen uns auch telefonisch unter Tel. 0 800 / 72 37 33 33 (gebührenfrei in D, A, CH), Mo–Do 9–17 Uhr, Fr 9–16 Uhr.

Ihre HOLIDAY-Redaktion